U0534657

土家族传统知识的特别知识产权保护

杨春娥 郑磊 著

YANGCHUNE ZHENGLEI

中国社会科学出版社

图书在版编目（CIP）数据

土家族传统知识的特别知识产权保护／杨春娥，郑磊著 .—北京：中国社会科学出版社，2021.12

ISBN 978-7-5203-9399-7

Ⅰ.①土… Ⅱ.①杨…②郑… Ⅲ.①土家族—民族文化—非物质文化遗产—知识产权保护—研究—中国 Ⅳ.①D922.164②D923.404

中国版本图书馆CIP数据核字（2022）第028680号

出 版 人	赵剑英
责任编辑	孔继萍
责任校对	周　昊
责任印制	郝美娜

出　　版	中国社会科学出版社
社　　址	北京鼓楼西大街甲158号
邮　　编	100720
网　　址	http://www.csspw.cn
发 行 部	010-84083685
门 市 部	010-84029450
经　　销	新华书店及其他书店
印　　刷	北京君升印刷有限公司
装　　订	廊坊市广阳区广增装订厂
版　　次	2021年12月第1版
印　　次	2021年12月第1次印刷
开　　本	710×1000　1/16
印　　张	15.25
字　　数	220千字
定　　价	88.00元

凡购买中国社会科学出版社图书，如有质量问题请与本社营销中心联系调换
电话：010-84083683
版权所有　侵权必究

目 录

绪 论 ··· (1)
 第一节 选题背景及研究意义 ······································ (1)
  一 理论意义 ·· (2)
  二 实际意义 ·· (2)
 第二节 国内外研究现状及发展动态分析 ······················· (3)
  一 现有研究状况 ·· (3)
  二 对研究现状的评价 ·· (5)
 第三节 研究思路和写作结构 ······································ (6)
  一 研究思路 ·· (6)
  二 写作结构 ·· (6)
 第四节 研究方法与创新之处 ······································ (8)
  一 研究方法 ·· (8)
  二 创新之处 ·· (8)

第一章 土家族传统知识的界定 ···································· (9)
 第一节 土家族传统知识的概念 ·································· (10)
 第二节 土家族传统知识的相关内容 ··························· (11)
  一 土家族传统手工制作工艺 ································ (11)
  二 土家族风味特色小吃 ······································ (12)
  三 土家族的传统医学及原始巫术、宗教遗痕 ·········· (13)
  四 土家族的习惯法 ·· (14)

五　土家族的民间传统文艺 …………………………………… (17)
　第三节　土家族传统知识的特征 ……………………………………… (17)
　　一　主体上的集体性 …………………………………………… (17)
　　二　时间上的连续发展性 ……………………………………… (19)
　　三　空间上的区域性 …………………………………………… (20)
　　四　存在形式上的不成文性 …………………………………… (22)
　　五　存在基础上的不可分割性 ………………………………… (23)
　本章小结 ………………………………………………………………… (24)

第二章　土家族"特殊传统知识"的保护 …………………………… (27)
　第一节　问题源起 ……………………………………………………… (27)
　第二节　土家族巫术的价值及列举 …………………………………… (29)
　　一　服司妥 ……………………………………………………… (31)
　　二　摆手舞 ……………………………………………………… (31)
　　三　土家族梯玛 ………………………………………………… (32)
　　四　跳丧舞 ……………………………………………………… (33)
　第三节　土家族的图腾崇拜和原始宗教 ……………………………… (33)
　　一　虎图腾 ……………………………………………………… (34)
　　二　蛇图腾 ……………………………………………………… (34)
　　三　鸟图腾 ……………………………………………………… (35)
　　四　"白色"及"崇三" ………………………………………… (36)
　第四节　土家族的原始宗教 …………………………………………… (37)
　　一　土家族人的"白帝天王" ………………………………… (37)
　　二　土王崇拜 …………………………………………………… (38)
　　三　家先崇拜 …………………………………………………… (38)
　　四　土家族神话 ………………………………………………… (39)
　本章小结 ………………………………………………………………… (40)

第三章　土家族传统知识的特别知识产权保护的背景 ……………… (43)
　第一节　土家族非物质文化遗产的普查和名录情况 ………………… (43)

一　土家族非物质文化遗产的普查情况 …………………… (44)
　　二　土家族非物质文化遗产名录体系情况 ………………… (44)
　　三　代表性传承人名录情况 ………………………………… (45)
　第二节　土家族传统知识的濒危 ………………………………… (46)
　　一　从文化传承角度分析土家族传统知识的濒危 ………… (46)
　　二　从经济发展角度分析土家族传统知识的濒危 ………… (47)
　第三节　土家族传统知识的经济利益失衡 ……………………… (49)
　　一　土家族传统知识不符合现行法律保护标准引起的
　　　　经济利益失衡 …………………………………………… (49)
　　二　不正当使用土家族传统知识引起的经济利益失衡 …… (50)
　第四节　土家族传统知识精神权利的贬损 ……………………… (50)
　　一　在不适当的场合和背景下使用土家族传统知识 ……… (50)
　　二　曲解、误读或篡改土家族传统知识 …………………… (51)
　本章小结 …………………………………………………………… (52)

第四章　土家族传统知识的知识产权法律保护现状 …………… (54)
　第一节　《著作权法》保护 ……………………………………… (54)
　　一　《著作权法》对土家族传统知识保护的适用性 ……… (54)
　　二　《著作权法》对土家族传统知识保护的局限性 ……… (55)
　第二节　《专利法》保护 ………………………………………… (58)
　　一　《专利法》对土家族传统知识保护的适用性 ………… (58)
　　二　《专利法》对土家族传统知识保护的局限性 ………… (59)
　第三节　《商标法》保护 ………………………………………… (61)
　　一　《商标法》对土家族传统知识保护的适用性 ………… (61)
　　二　《商标法》对土家族传统知识保护的局限性 ………… (62)
　第四节　地理标志保护 …………………………………………… (63)
　　一　地理标志对土家族传统知识保护的适用性 …………… (63)
　　二　地理标志对土家族传统知识保护的局限性 …………… (65)
　第五节　《反不正当竞争法》保护 ……………………………… (65)

一　《反不正当竞争法》对于土家族传统知识保护的
　　　　适用性 …………………………………………………（66）
　　二　《反不正当竞争法》对于土家族传统知识保护的
　　　　局限性 …………………………………………………（66）
第六节　商业秘密保护 ……………………………………………（66）
　　一　商业秘密保护对土家族传统知识保护的适用性 ………（66）
　　二　商业秘密保护对土家族传统知识保护的局限性 ………（67）
本章小结 ……………………………………………………………（68）

第五章　土家族传统知识的特别知识产权保护的正当性 ………（70）
第一节　自然权利理论 ……………………………………………（71）
　　一　洛克的自然权利理论 ……………………………………（71）
　　二　自然权利理论与知识产权的契合 ………………………（74）
　　三　对土家族传统知识的特别知识产权保护正当性的
　　　　理论贡献及局限 ………………………………………（74）
第二节　健康权和发展权理论 ……………………………………（76）
　　一　健康权与土家族传统知识的特别知识产权保护 ………（76）
　　二　发展权与土家族传统知识的特别知识产权保护 ………（77）
第三节　文化多样性理论 …………………………………………（77）
　　一　文化多样性的内涵 ………………………………………（78）
　　二　土家族传统知识与文化多样性的契合 …………………（79）
　　三　土家族传统知识的特别知识产权保护对
　　　　文化多样性的贡献 ……………………………………（79）
本章小结 ……………………………………………………………（80）

第六章　传统知识知识产权的世界法保护 ………………………（85）
第一节　传统知识国际法律保护的利益冲突与平衡 ……………（85）
　　一　问题的提出背景 …………………………………………（85）
　　二　传统知识国际法律保护的利益平衡模式现状 …………（86）
第二节　传统知识知识产权的国际法律保护模式变迁 …………（92）

一　传统知识的知识产权法保护模式的缘起
　　——知识产权保护模式 …………………………（92）
　二　传统知识的知识产权法律保护模式的转换
　　——特别法模式 …………………………………（94）
　三　简要评析 ……………………………………………（100）
第三节　传统知识特别知识产权国际法保护模式的
　　　　比较评析 ……………………………………………（102）
　一　权利性质及不同保护模式 …………………………（103）
　二　权利主体 ……………………………………………（108）
　三　权利内容 ……………………………………………（110）
　四　简要评析 ……………………………………………（111）
第四节　国内外传统知识的法律保护比较评析 ……………（112）
　一　日本的文化财保护法 ………………………………（114）
　二　我国《非遗法》与《日本文化财保护法》的比较 ……（118）
　三　我国传统知识保护的地方立法 ……………………（120）
　四　国外对我国传统知识法律保护的经验启示 ………（121）
本章小结 ………………………………………………………（123）

第七章　农产品地理标志法律保护研究
　　——基于秭归县土家族的调研 ……………………（128）
第一节　相关法规与地理标志保护 …………………………（128）
　一　地理标志的保护的相关依据 ………………………（128）
　二　《商标法》对地理标志保护存在的问题 ……………（129）
　三　质检系统的部门规章对我国地理标志的保护
　　　存在的问题 …………………………………………（130）
第二节　农产品地理标志法律保护基本理论 ………………（131）
　一　农产品地理标志概念 ………………………………（131）
　二　国内农产品地理标志法律保护发展 ………………（132）
　三　农产品地理标志特征 ………………………………（133）
　四　发展农产品地理标志的原因和意义 ………………（134）

第三节 秭归农产品地理标志法律保护现状 …………… (135)
  一 秭归自然生态人文环境 ……………………………… (135)
  二 秭归注册农产品地理标志情况 ……………………… (136)
  三 "秭归脐橙"商标法系统保护介绍 ………………… (138)
  四 "秭归脐橙"质检局系统保护介绍 ………………… (140)
  五 "秭归夏橙"农业部系统保护介绍 ………………… (142)

第四节 我国现阶段地理标志保护现状及模式选择 ………… (145)
  一 工商系统保护模式分析 ……………………………… (145)
  二 部门规章保护系统分析 ……………………………… (148)
  三 我国农产品地理标志保护模式选择 ………………… (149)
  四 秭归县农产品地理标志保护建议 …………………… (158)

本章小结 …………………………………………………………… (161)

第八章 土家族传统知识特别知识产权保护的制度构建 ……… (164)
第一节 特别知识产权保护的制度构建的相关问题 ………… (165)
  一 问题的提出 …………………………………………… (165)
  二 研究评述 ……………………………………………… (167)

第二节 土家族传统知识权利客体 …………………………… (169)
  一 土家族传统知识权利客体的认定主体 ……………… (169)
  二 土家族传统知识权利客体的认定标准 ……………… (170)
  三 土家族传统知识权利客体的认定方式 ……………… (171)

第三节 土家族传统知识权利主体 …………………………… (173)
  一 土家族传统知识保护的权利持有人 ………………… (173)
  二 土家族传统知识保护的行使人 ……………………… (175)
  三 土家族传统知识保护的传承人 ……………………… (175)

第四节 土家族传统知识权利内容 …………………………… (176)
  一 土家族传统知识的精神权利 ………………………… (176)
  二 土家族传统知识的财产权利 ………………………… (178)

第五节 土家族传统知识的权利限制 ………………………… (180)
  一 土家族传统知识保护期限的限制 …………………… (180)

二　土家族传统知识权利行使方式的限制 …………………（181）
　本章小结 …………………………………………………………（182）

结　　语 ……………………………………………………………（184）

参考文献 ……………………………………………………………（188）

附录一　湘西土家族苗族自治州历史文化名村（寨）及特色民居保护技术导则 ………………………………………（200）

附录二　土家族非物质文化遗产代表性项目名录 ……………（205）

附录三　原住民族传统智慧创作保护实施办法 ………………（224）

后　　记 ……………………………………………………………（231）

绪　　论

第一节　选题背景及研究意义

　　土家族传统知识是世世代代的土家族人民经过几千年的历史变迁，经历由筚路蓝缕开启山林的远古时代，直至人口繁茂、文化昌盛的现代文明，各种生活、生产实践而不断积累下来的民间智慧结晶。由于土家族这个少数民族地区本身具有地域性、合理性、实用性、商业性等独特性。因此，对土家族传统知识进行及时有效的开发和研究具有重要的学术意义。同时，通过我们对土家族传统知识的知识产权保护的研究来充分认识土家族传统知识的商业价值和促使其可持续发展具有重大实践意义。面对现实中出现的土家族传统知识被任意使用、破坏甚至失传的危机现状，我国土家族传统知识迫切需要进行知识产权法律保护。但土家族传统知识的知识产权法律保护是许多国内外各界人士都认为必要却又倍感棘手的问题。从20世纪50年代起至今，已有众多国际组织先后关注像土家族传统知识的知识产权保护这样的问题，并试图给出大家能够接受的解决方案，但结果却并不令人满意。由于我国是一个多民族的国家，每一个少数民族的传统知识的知识产权保护在权利主体、权利内容等诸多问题上的复杂性，目前也只有少部分少数民族地区的传统知识得到了法律保护。本书将从以下两方面说明选择此课题的重要意义。

一 理论意义

目前国内外对土家族传统知识的特别知识产权法律保障认识不同，在理论方面还未形成一致意见并且存在激烈争论，尤其是我国对土家族传统知识的特别知识产权保护措施方面有待完善。同时，对土家族传统知识的特别知识产权法律保障机制的原理性问题，有必要从理论上深入研究。如土家族传统知识的特别知识产权的概念，进行特别知识产权法律保护的理论依据，对土家族传统知识设定特别知识产权的重要性和可能性，采取何种措施保护这一特别知识产权，该种权利的范围、权能、实现方式及权利的救济等。这些基础理论对建构适合我国土家族传统知识的特别知识产权法律制度具有重要理论意义。

二 实际意义

首先，对土家族传统知识的保护，能够妥善保存、保护这一特异文化留存，避免其在现代文明冲击下的流逝，加强民族文化自觉，为实施我国文化自信这一大政方针添砖加瓦。同时，促进我国土家族传统知识的产业化开发、协调开发和保护的关系，可以切实提高土家族地区经济水平和人民的生活水准。土家族传统知识是鲜活的文化，是种群文化的活化石，同时也是历史发展的见证、民族智慧的结晶。它不仅承载着人类社会的文明，体现着地域文化的多样性，同时也构成一个民族的源和根，因而具有十分重要的文化和经济价值。在市场经济的环境下，对土家族传统知识进行开发利用，一方面既能促进经济社会发展，改善土家族地区的贫困现状，另一方面也为土家族传统知识注入新鲜血液，使其能继续流传、持续发展。研究土家族传统知识的特别知识产权法律保护问题，目的是解决土家族传统知识资源的权利主体虚设、产权不明确及开发不当导致土家族传统知识资源破坏严重、传统知识文化符号扭曲失真等问题，从而促进土家族地区经济和土家族传统知识的可持续发展。

其次，建立良性的市场开发环境，能促进土家族地区经济和文化的和谐发展。土家族传统知识是土家族地区市场开发的宝贵文化资源，由于其形成于长期的民族生活、生产实践过程中，具有特殊的民族地域特色，在对其进行产业化开发时难免会出现不利于土家族地区传统知识保护与传承及侵害土家族地区传统知识权利人的情况，只有构建完善的法律保护机制，才能有效协调市场开发和保护传承之间的冲突，促进土家族传统知识资源的良性开发。

最后，提高土家族地区传统知识产业化过程中各相关主体的法律保护意识。现实中存在的不当开发导致资源破坏、流失严重等问题表明了土家族地区传统知识的产业化开发急需相关主体提高知识产权法律保护的意识，把握持续发展与有效传承的辩证关系，使现有制度真正发挥实效。

第二节　国内外研究现状及发展动态分析

一　现有研究状况

从20世纪60年代开始，在发展中国家的呼吁以及世界知识产权组织、联合国教科文组织等国际组织的努力之下，法学、人类学、社会学、文学等领域的学者们对土家族传统知识的知识产权法律保护问题展开了积极而有益的研讨，致力于在国内与国际范围内建立起土家族传统知识的知识产权保护体系。到目前为止，对土家族传统知识的知识产权法律保护问题的研究，主要有以下几个方面的成果。

1. 宏观的理论研究。例如北京大学崔国斌博士的博士学位论文《文化及生物多样性保护与知识产权》，从多个角度为土家族传统知识的知识产权保护正当性提供了法学理论基础，试图为具体的制度设计提供宏观的指导思想。严永和副教授的博士学位论文《论传统知识的知识产权保护》，对传统知识的知识产权保护的正当性和制度设计进行讨论，意在为传统知识的知识产权保护获得理论支持和制度依据。上述研究更多地关注传统知识资源保护方面的核心理论问题，而不是操作性的制度问题。

2. 实证分析。例如澳大利亚律师、托雷斯海峡岛 Meriam 族的后裔 Ms. Terri Janke 在递交给世界知识产权组织的报告《思想文化：关于知识产权与传统文化表达方式的案例研究》，以及世界知识产权组织派出的"知识产权的要求与传统知识持有者的期待"九个实地调查团完成的报告。上述报告就已经发生的主要是土著地区的非物质文化遗产保护典型案例进行了分析，指出保护非物质文化遗产的必要性，认为在现有的知识产权体系中难以给土家族传统知识有效的保护，有必要建立一种特别权利保护体系。

3. 研究综述。例如印度人力资源开发部、教育部国会议员 Mrs. P. V. Valsala G. Kutty 向 WIPO 提交的《民间文学艺术保护研究》，主要评介了保护土著人民或原住民传统知识的 1982 年示范法以及印度、菲律宾、印度尼西亚等国有关传统知识保护的法律。阿根廷知识产权法律教授 Carlos M. Correa 编著的《传统知识与知识产权——与传统知识保护有关的问题与意见大纲》，该著作重在向公众通报有关问题谈判的进展情况和背景资料，距离提出切实可行的国际解决方案还十分遥远。

4. 土家族相关的知识产权保护研究。国内学者在对土家族相关文化的保护研究数量较少，多集中在相关的产业产品中。如郑颖捷等《知识产权战略背景下少数民族传统工艺的法律保护研究——以湘西土家族苗族自治州为例》（2007 年），曾钰诚《知识产权框架下传统工艺的法律保护——以湘西土家族传统工艺保护为对象》（2016 年），裴凌鹏等《我国土家族传统医药知识产权保护途径的探索》（2009 年），文章多涉及传统工艺产品及医药方面的带有技艺性质的知识产权保护。在有关传承文化知识上的知识产权保护研究也略有涉及，如王瑞龙、田胜《民族地区公民知识产权保护意识的调查与研究——以湘西土家族苗族自治州为例》（2007 年），余澜、杨春娥等《以特别知识产权保护土家族传统知识的理论正当性》（2015 年），黄丽娜、杨春娥等《土家族非物质文化遗产知识产权的保护现状评析》（2016 年），杨春娥《土家族传统知识的内涵、内容与特征探析》（2014 年）和《土家族传统知识特别知识产权保护的制度构建》（2019 年）等几篇文章对此开始加以关注。

二 对研究现状的评价

从20世纪60年代开始,学者们对传统知识的知识产权,从正当性、惠益分享机制、保障措施、适用条件、特别保护、国外典型案例及局限方面等展开了积极而有益的研究,致力于在国内与国际范围内建立起传统知识的知识产权保护体系,这些研究对土家族传统知识特别知识产权保护有重要启发和借鉴。现有研究仍需要深入,例如传统的知识产权法没有充分涵盖或保护土家族人民的知识和创新;有关土家族传统知识的知识产权的保护模式、保护对象、权利主体、对受侵害的救济手段以及特别权利保护体系的内容等均有较大争议。具体存在以下不足:

1. 特别知识产权保护理论存在分歧。有关传统知识的知识产权的保护模式、保护对象、权利主体、对受侵害的救济手段以及特别权利保护体系的内容等国内外的学者持有很多种不同的观点:有些学者认为,对于现代高科技带来的新兴的知识产权的问题,我们都研究不过来,还有必要花大量的精神去研究这些早已过时的传统知识的知识产权保护问题吗?还有些学者认为,研究一下少数民族的传统知识的特别知识产权保护问题就可以包括土家族传统知识保护了,为何还要为一个土家族传统知识单行立法保护呢?而且还是一个过时了的传统知识,与现代中央提出的与时俱进是相反的理念。

2. 特别传统知识法律内容设计不能够全面地保护传统知识。土家族传统地区因有独特的自然环境、人文地理等优势,使土家族传统知识具有潜在的商业价值,致使许多土家族传统知识商业利益无偿地被国外和国内不法人士进行不正当利用,而本身所在土家族地区的政府和民众都没有获得相应的报酬。同时,土家族传统知识被边缘化的事实以及其精神权利也受到了无情的践踏。

3. 传统知识保护的法律冲突未能妥善解决。随着经济与文化的全球化趋势与现代工业文明的副作用和社会经济与法律制度的发展,传统知识的自身价值和商业利用价值不断提高。现代知识产权保护主要保护现代知识，否定传统知识保护的需求和可能。传统知识保护的法律冲突未能妥善解决，对传统知识知识产权保护问题的解决更加需要我们的创造性思考。

针对以上不足，本书从土家族传统知识的界定入手，以土家族传统知识的知识产权保护的背景为现实基础，深刻剖析当前现行的知识产权法律框架下，评析土家族传统知识法律保护现状及正当性，试图构建土家族传统知识的特别知识产权保护制度。

第三节 研究思路和写作结构

一 研究思路

少数民族地区的传统知识是我国少数民族非物质文化遗产中的一部分内容，少数民族传统知识是一种民族尊严。保护民族传统知识的传承则是凝聚民族情感、增进民族团结、振奋民族精神、维护国家统一的重要民族基础，保护少数民族地区的传统知识应越来越成为全国各族人民的自觉。而且现在少数民族传统知识利益化也已越来越顺应当今时代潮流，由于我国对少数民族传统知识的法律保护的条文比较粗糙与抽象，致使我国许多这方面的传统知识商业利益无偿地被国外和国内人士利用，而所在民族地区的政府和民众都没有获得一丝报酬。所以对于土家族传统知识的知识产权法律保护也应成为我国少数民族非物质文化遗产法律保护的一个重要组成部分。

二 写作结构

本书拟从特别知识产权法理的视角，通过理论与实践相结合的方法，对土家族传统知识知识产权缺失与法律保护现状进行客观而又系统分析，在调查研究基础上，通过系统分析方法、田野调查分析法、统计与图表分析方法及归纳分析方法，阐述土家族传统知识知识产权缺失的领域及主要原因，然后通过法律文本分析和比较分析的方法，就我国法律保护不足进行总结和分析，最后通过实证系统分析和比较分析方法，对我国土家族传统知识特别知识产权法律的完善和构建提出立法草案。

第一章"土家族传统知识的界定"。厘清土家族传统知识的基本概念、内容和特征，明确界定土家族传统知识的特别知识产权所要保护的对象。

第二章"土家族'特殊传统知识'的保护"。这种特殊传统知识涉及原始巫术、图腾崇拜及原始宗教、神话等多种传承文化，带有原生态性质的内容。

第三章"土家族传统知识的特别知识产权保护的背景"。现行法律保护制度的标准使一些不法人士不正当利用土家族传统知识牟取利益，导致土家族传统知识的经济利益失衡，以及土家族传统知识的精神权利受到践踏。

第四章"土家族传统知识的知识产权法律保护现状"。现行法律框架下的知识产权体系保护包括：《著作权法》保护、《专利法》保护、《商标法》保护、地理标志保护、商业秘密保护、《反不正当竞争法》保护。并对这些知识产权的单行法和权利保护对于土家族传统知识的适用性和局限性进行了深刻分析。

第五章"土家族传统知识的特别知识产权保护的正当性"。论述了人与生俱来的理论权利包括：自然权利理论、健康权和发展权理论、文化多样性理论，为构建土家族传统知识的特别知识产权保护制度提供理论基础。

第六章"传统知识知识产权保护的世界法保护"。涉及传统知识国际法律保护的利益冲突与平衡法保护。罗列各国相应法律对传统知识保护的模式、历史沿革及相应的保护诉求，分析比较各国传统知识保护法状况。

第七章"农产品地理标志法律保护研究——基于秭归县土家族的调研"。基于对秭归县土家族的调查，对农产品地理标志的法律保护进行探讨，反思我国一些地理标志保护的缺陷和不足，在现有条件下提出完善保护的一些想法。

第八章"土家族传统知识特别知识产权保护的制度构建"。构建土家族传统知识的特别知识产权保护制度的主要内容，其主要内容包括：权利客体、权利主体、权利内容、权利限制及保护期限。

第四节 研究方法与创新之处

一 研究方法

1. 调查研究与实证分析方法。通过对土家族传统知识的地方立法状况调查，在实证分析基础上提出土家族传统知识立法的问题，并思考解决的方法。

2. 比较分析与归纳方法。通过对国际法和国外法保护经验的吸取，结合土家族传统知识的实际情况，提出土家族传统知识特别知识产权制度构建的建议。

3. 法律分析与案例分析方法。大量收集中外立法和理论文献，分析相关成果，吸收有益思路与方法。

二 创新之处

1. 理论创新。国家现行立法对非物质文化遗产进行保护，但具体保护对象之界定却很模糊，没有一个具体的定格模式。结合土家族传统知识本身作为剖析对象，对其概念、内容、特征进行明确界定，为土家族传统知识的传承与保护提供理论基础。

2. 方法创新。通过实证分析法，从土家族非物质文化遗产的濒危状态、经济利益失衡以及精神权利的贬损三个方面阐述了土家族非物质文化遗产保护的必要性，表明了保护土家族非物质文化遗产的传承与发展对土家族地区的社会发展具有重要意义。

3. 观点创新。对土家族传统知识的权利主体、权利客体、权利内容、权利限制及保护期限进行立法界定并分析，以化解现行知识产权法律保护制度不能完整保护土家族传统知识的不足。

第一章

土家族传统知识的界定

中国是一个拥有56个民族的统一的多民族国家，中华文化是一座五千年悠久历史的多元化人类文明圣殿。

土家族是我国的一个少数民族，分布在我国中部的湖北省、湖南省、贵州省和重庆市的交界处，人口835万（据2010年全国第六次普查）。主要聚集区是武陵山区，海拔大多在500—2000米高度，地处亚热带气候，四季分明。这个地理位置，恰是中国历史地理中沿长江，北起大巴山，止于南岭的一条文化沉积带的中心部分。该地域族群保留了丰富的文化信息，至今留存的被称作"中国戏剧活化石"的傩戏、上古舞蹈、原始祭祀及宗教遗留等诸多悠远文化现象，历来为国内外文化艺术界人士所重视；其语言、艺术、建筑、丝织品无不展示着这个民族悠久的历史内涵及古老而丰富的民族文化资源。土家族传统知识是土家族人民于数千年来的迁徙辗转、战天斗地、求生图存的伟大生存实践中积累、传承下来的独特的极具生命力的民族文化的智慧结晶。基于土家族这个少数民族文化本身具有的地域性、合理性、实用性、商业性等特性，本书欲通过对土家族传统知识的特别知识产权保护进行调查研究分析，希望能够借此促进土家族地区的经济发展，推动土家族文化知识的进一步深化挖掘、保存、保护、研究、开发、宣介及传承。

第一节 土家族传统知识的概念

当我们在研究分析定义土家族传统知识概念时，首先很有必要知道什么是传统知识的基本概念？根据 WIPO，传统知识是指"基于传统的文学、艺术或符号、未公开信息和所有其他在工业、科学、文学或艺术领域内产生的基于传统的发明和创造"，并把"基于传统的"进一步解释为"知识系统、创造、创新和文化表达一般地从一代传向下一代，通常被认为与特别的民族和地域有关，并随环境变化而变化"[①]。

根据世界知识产权组织的相关性文件，我们可以很明显地看出，在对传统知识的特别知识产权保护问题上，可以确信保护的内容主要有：土著人民（原住民）、土著知识、土著部落、人种与种族、传统知识、传统医药、传统习惯、传统与地方知识、技术、土族诀窍与惯例等内容。[②] 通过对以上基本概念的认识以及传统知识保护范围的了解，由此，本书对土家族传统知识这个基本概念做了一个全新的定义，即由祖祖辈辈、世世代代、生生不息生活在武陵山区的土家族土著人民和长期生活在该区域的人民，将具有本民族特色的各种遗传资源、有形自然遗产、无形自然遗产、生活的历史渊源、生活传统习俗、土著心理特征及自然环境、土著群体特征、宗教文化信仰等内容的传统文化艺术表现形式，及本土民间传统医药、手工制作工艺、生活习惯和文艺等诸多方面，一代传承一代，永续留存于民间的具有一切传统的知识称为土家族传统知识。

---

① WIPO, Intellectual Property Needs and Expectations of Traditional Knowledge Holders: WIPO Report on Fact - Finding Missions on Intellectual Property and Traditional Knowledge (1998—1999), Geneva, April 2001, p. 25.

② 世界知识产权组织文件: paragraph 64, WIPO/GRTKF/IC/1/3, Maters Concerning Intellectual Property and Genetic Resources, Traditional Knowledge and Folklore - An Overview.

第二节 土家族传统知识的相关内容

祖祖辈辈生活在武陵地区的土家族人民存留民间的传统知识非常丰富多彩，根据不同类型主要包括以下五个方面的内容：

一 土家族传统手工制作工艺

传统手工技艺包括：土家族织锦技艺、印染工艺、朗溪竹板桥造纸、玉屏箫笛制作工艺、恩施傩面制作工艺、凤凰纸扎等这些传统知识已录入武陵地区非物质文化遗产相关文献保护与传承。[①] 还有制茶工艺、住宅建造技术、石雕工艺、竹编工艺等传统工艺，例如：土家族人利用本土出产的许多种原料漆制成的全国有名的"坝漆"，这种漆的优点是附着力强、光泽透明鲜亮、经久耐用，而且只要是木雕制品被刷上这漆，更是光彩夺目。1952年，土家族坝漆荣获国家政务院奖锦旗，周恩来总理题词为"坝漆名冠全球"。另外，土家族拥有天然的地理优势，大都位于山区，盛产竹子，这也决定了当地竹制的编织工艺盛行，许多生存生活用具，像竹床、竹凳、竹桌等等的制作都很有民族特色，都销往全国各地，带来了一定的经济效益[②]。

长阳县的学校美术教育的引进以及其花纹特色在包装、装修装潢等行业的再生，促进了土家族织锦技艺的传承和发展。诸如湘西的张家界乖幺妹织锦有限公司成功的商业模式：他们对传统工艺进行变革，增加新的花色品种，采取现代商业模式；龙山县的刘翠月、国家级土家族织锦传承人刘代娥，改变以往的心口相传的师徒传承，每年举办30期培训，培养学员600多人，在传承实践中阐述了法国社会学家布迪厄社会理论的核心概念"文化的再生产"。布迪厄认为：文化作为

---

① 胡萍、蔡清万：《武陵地区非物质文化遗产及其文献集成》，民族出版社2008年版，第1页。

② 胡萍、蔡清万：《武陵地区非物质文化遗产及其文献集成》，民族出版社2008年版，第1页。

与人们生产生活密切关联的一种生命存在形式，具有创造性特征。这种创造性特征决定了文化不可能以复制的形式出现——传统的文化知识传承原本就是源头活水，其内在生命力决定着我们所说的保护断非是对其自身衍化的干扰——同时，这些鲜活事例也为土家族知识保护、再生给出一个靓丽的指引和启迪。

而基于所处地理位置，土家族于茶叶的种植、制作、饮用的悠久历史中形成了自己独具一格的茶文化。在有文字记载的历史中，茶文化在明代就和土家族的生活密切相关，明政府于西北、东北的茶马互换交易中，武陵地区的茶叶是官方指定产区，其产量规模可想而知，因之而生的诸多生产制作工艺、传统知识，自是丰富异常。抛开种植、制作的传统知识不提，在饮用上，土家族的茶文化如擂茶：将吴萸、胡桃粉碎掺杂及将新鲜茶叶和生姜、玉米仁研磨后在陶钵中搅拌混合，其后冲煮的方法，极具地域独特性，而其相应的和胃去火、健脾润肺等食药功效，一直为当地人津津乐道——类比广东的凉茶，土家族的这一独特的传统知识，于更大范畴内却是鲜有人知，这不可不谓遗憾；罐罐茶：山泉水冲泡的蜂蜜茶，也是极具地方、民族特色。土家人的茶道不仅表现在制作上的多姿多彩，其于饮用程仪上，亦可谓洋洋大观——仅于其对各道茶的称谓，擂茶待客时的诸多小吃茶品的考究，无不充满了生活情趣，对我国悠久的茶文化是一极大的补充和丰富。

二 土家族风味特色小吃

土家族风味特色小吃的制作基于其地域性、文化独特性有鲜明的特点。因地理位置和气候使然，土家人饮食口味侧重于酸、辣、香。调味品丰富：山花椒、山胡椒、香椿、辣椒、姜葱蒜、山鸡椒，丰富纷繁。各种腌酸食物制作工艺都极具特色，如熏腊肉制作、合渣制作——土家族人利用黄豆制成的合渣食品是久负盛名的特色菜系列，制作过程独具特色，营养丰富。美味佳肴和不少土家族的美酒，如巴东野三关的纯玉米苞谷酒，口感宜人，野三关镇的三峡贡酒，利用天然的地理环境，在海拔3000米制作的本土特色贡酒同其茶文化一样，独具特色。其苞谷酒、糯米酒制作工艺独特，味道甘醇浓厚。而其相应的酒文化，同样缤纷五彩。诸如据说是源自土家人出兵远赴东南沿海，参与抗倭战事时期的喝咂酒；其堂屋中间两张桌子拼成的"厢桌"、必不可少的盖碗肉、压桌肉，还有主妇的下桌敬酒礼仪；诸如在娱乐、节庆，及至祭祀中的"奠酒"规范，无不彰显其民族文化知识的独特性。这些不同于周边民族的文化独特性，能够表露出这个民族所崇尚的文化精神：豁达、开朗、重义气、轻死生……而这些文化精神，恰是土家族民族自我认知及其凝聚力的重要源头。

三 土家族的传统医学及原始巫术、宗教遗痕

土家族的传统医学已在民间留传许久，现在有许多关于土家族民间传统特色疗法和药物使用都已编书入册出版，作为著作权保护。如《土家族药物志》《土家族医药》《玲珑医鉴》《土家族医药研究新论》《土家族医学史》《土家族医药学概论》《土家族名医黄子均医案精选》《土家族民间医疗》《土家族医药学》现已作为武陵地区非物质文化遗产保护归类编入文献集成。在此，许多传统医药书籍中都充分记载了土家族人的医药用药治疗思想的古老民间朴实性，同时还带有浓厚的宗教色彩，以精神治疗为主，从而战胜病魔。首先，从朴实性方面来说，土家族人认为，人的疾病起因是由于自然界的外界原因所致，非人本身所为，气候变化是导致生病的根源，寒、热、风、湿气都影响到人的气血运转是否流畅，是导致发病的很重要的原因，在土家族人民的衣、食、住、行等方面，外界不明物对人体的侵入、施虐是人体患病的间接原因，跌打损伤、利器伤体等方面是人体伤病的直接原因。同时，土家族人凭直觉诊断病情，也主要是通过传统的望、闻、听、摸的四法进行用药治疗。土家族还有许多没有载编入册的民间传统疗法，如对风湿类疾病的传统疗法，治骨折、扭伤、生疮等疾病用传统的"水师"疗法，据说此类药方是秘方从不外传。这种民间传统医药知识的有效传承与保护还是需要寻求一种模式进行归置。其次，从宗教色彩方面来说，传统的"梯玛"疗法是一种巫师迷信疗法的非

药物疗法，使用各种外在形式让病者得到精神安慰，从而增强患病者自身对病魔的抵抗力。最后，从非药物治疗方面来说，传统的徒手按摩术，是不用药物而直接用手从患者身上的经络穴位由上而下、从外到内进行推拿按摩的疗法。同时使用拔罐、针刺扎挑、刮痧使病者身上的毒气、湿气排出，从而使身体康复。①

民间巫术及原始宗教遗存一直在土家文化中绵延不绝。诸如"服司妥"的消灾曲谢恩歌谣，咒语，白虎崇拜，掌坛梯玛……于历史记载而言，彭金荣与金述父《土家仪式歌漫谈》汇总过古籍资料：自汉代班固《汉书·地理志》至宋代朱熹的《楚辞集注》，至明朝《辰州府志》及清乾隆年《永顺县志》都记载过土家族浓郁之巫风，把这文化现象之盛大勃然的记述时间绵延到1987年。这些化石级别的文化知识，丰富了人类学族群文化的多样性。但随着时代的进步，也面临着没落及彻底消退，唯如此，其被音像留存、数码记忆整理的价值和意义就显而易见。

四 土家族的习惯法

土家族的习惯法内容非常丰富，主要包括以下五个方面：

第一，禁忌习惯法。它包括：两性禁忌、图腾禁忌、食物禁忌、节日禁忌等方面。什么该做什么不该做多以不成文的口头传承存在：诸如其食物禁忌中不许吃蛇，意思是即便吃也要躲在野外，否则会中毒身亡，意思是这与其蛇的图腾崇拜有关；忌吃猫，认为会招惹祸端；待客时忌食狗肉，认为这对客人不尊重；请客吃饭菜品数量忌3/7/8数目，认为"三碗是叫亡"，"七强八盗九江湖"，过年时忌食大蒜等。其两性禁忌中，男子忌于他人触碰其头。成年男女忌讳同坐一长条凳。其次在宾客迎来送往、长幼之别的礼仪等方面，土家族有大量言语规范，称为禁忌。这类基于伦理道德、人家交往的禁忌多有教化意味，其由时代不同而强化或消融想来也是必然的事情。而且各地域间的类

---

① 彭英明：《土家族文化通志新编》，民族出版社2001年版，第216页。

似禁忌并不完全相同，彼此相互抵触。

第二，宗族习惯法。族规、礼仪、戒条及一些不成文的土家族规矩，其中很多族规分化很精细，不同族规有不同的条文记录，如修订于1907年的长阳覃氏族谱中就清楚记录对全族儿童文化教育的相关内容。对于土家族族规以其主流而言，对社会规范的捍卫及道德伦理的保护以及文化的记录传承有极大功绩。在很长一段历史时间里，在本族人的信念里，族规就是法。之所以能长久起到一定社会体系稳定、规范作用，如果仅依靠暴力是不太可能的，族规的存在其内核不脱离当时社会的核心价值观，能够取得族人的普遍认同，才是其权威性所在。以现存的文字档案资料来看，土家族的族规惩戒特点是公开的，其惩戒办法亦大体相类：掌板、杖责、逐出、流徙、剥夺姓氏权利、罚款等。当然，多数族规明文或者潜规则规定有"黑办"一则，即通过私刑直接剥夺违规人的生命权。但在相应的族规"黑办"行事记录中，也并不是给予族长生死决定权的，其公开原则基于血缘关系的自然限定，赋予一些长辈血亲以申诉、赦免权，以恳请等方式对被处罚人做出相应减缓处罚。当然，这其中的弊端也实难避免。只是在对个案记录的档案阅读时，应当对这些个案的比例、相应事件的概率问题做下大体揣摩，于族规家法在过去的年代中，其利弊得失才可能有个公允的评价。

第三，村寨习惯法。基于土家族所处的地理位置，在历史上，其村寨受到地方政府的约束管制较弱。而这些乡村寨的秩序得以维护，主要是依靠着土家族及其具备生命力和延续的乡规民约来实现。土家族的乡规民约的内容很丰富，对秋收、环境保护、资源分配方式方法都有涉及。所有的表现形式都是通过言传身教，多数没有固定规范的明文规定，但是其制定的礼仪性还是森严严谨的：由村寨的公认人物出面，提出约规之理由、目的及具体条款后，要经过全体居民讨论商议通过，且在正式确立规约时，各家会在一起喝血酒盟誓，以神灵祖先名义确定为所有人共同遵循的生活规范。在有一些地方，这些乡规民约会被刻在木板上，悬挂或者堆埋于村口。而其规约的执行也会伴有相应的仪式仪规,诸如宰杀白羊举办全村参与的封山仪式。并且,这些大家一致通过立誓遵循的约定均伴随着相应的惩戒措施,一旦触犯会做出相应惩处。同时还有一些集体的禁忌,是一种全体共识的规范,男女老少都会认定理应执行,一经触犯,也应该受到相应责罚。正因为这个缘故,每一个条文都是一个活态传承的鲜明活体形式。

第四,生产习惯法。内容极为丰富,也具备着一定的公平性:对应于田亩山林的出租方及租用方于所属地的采草分配比例,以及养殖鱼塘的收成分配等都有详尽公开的经过双方反复探讨而形成一种契约关系。而于商业贸易方面,土家族于牛马交易上有诸多为所有群落认可的规则及标定办法、方式,这些方法方式对商业交易的公平、公正、公开原则的维护体现规范性。比如在牛、马的交易过程中对商品来源的公示性"披红"以及售卖优先权、交易厘金的不成文规则,都很利于其商业运作。再就是其狩猎时的分配制度:在"沿山赶肉,见者有份"的公平原则上,将所获猎物的优先分配权给予捕猎成功的首要猎手,又能够保护公正原则。同时还有其草标对私有产权的标定意义,都是能够被公众认可的不成文的自然法。土家族的习惯自然法,在很多方面都和现代法理保持一致,表现出这个民族优异的法律意识素养。

第五,婚姻家庭习惯法。基本遵守中国的婚姻法、自由恋爱和一夫一妻制。土家族的婚姻家庭习惯法在近代有显著的变迁过程,在漫长的历史过程中,其婚配制度也是经历过群婚、血缘婚、对偶婚等过程。存在习惯法对姑表婚、转求婚、换亲婚的合法性认同。这种流变本身亦为传统知识的组成部分:有大量的田野调查可为佐证的是,当代土家族婚姻家庭习惯法和此前是大为不同的,也就是说对这种习惯法的记述、流变过程的记录该列为保护项全部,而不仅仅是时下其习惯法的表现。于曾经的婚恋自主权被掌控于家长手中,及至关于子嗣继承、婚姻自主,及至男女平等、婚后财产分割等,体现了土家族习惯法在这些方面的自然演变进化过程,也是从另一角度说明了该民族文化的有机性:传统知识并没有阻碍其发展进程,相反随着整个社会环境及自然环境的改变,土家族的自然习惯法于伦理道德及至于平权、平等诸方面的表现是十足优异的。

需要特别注意的是，土家族的婚姻家庭自然习惯法中，其婚配过程与汉民族的婚配流程十分相似：都是要经过媒妁介绍、见面、纳彩、课算等。其次，土家族自然习惯法于婚姻及至家庭财产的分配制度，都有明细的规范，且其本质无不围绕着平等、公开等原则。

五　土家族的民间传统文艺

土家族的民间传统文艺的内容可以说是各有特色、丰富多彩，以言语形式表达的有民间传说、民间诗歌、谜语、民间故事、神话传说、童话、寓言等；以演唱或演奏的民间音乐艺术表现形式的有号子、土家族打溜子、山歌、锣鼓、小调、风俗歌、儿歌等民间音乐；以舞蹈及民间游戏的民间仪式表达形式的有傩戏、恩施灯戏、摆手舞、跳丧舞、花灯舞、梅嫦舞、莲花闹、跳耍神、打土地、连响舞等，还带有原始色彩的巫舞。[①] 现在大部分经典的民间传统文艺都已编入武陵地区非物质文化遗产书录，以便更好地传承给下一代，繁衍生息下去，弘扬土家文化灵魂。

第三节　土家族传统知识的特征

土家族传统知识是传统知识体系的一个组成部分，广泛运用于土家族地区的政治、经济、文化、生活等领域的方方面面，是土家族人民赖以生存和发展的基础和生命动力，也是建立在土家族人民千百年来的经验累积基础上，与土家族特殊的地理区域和生态环境必不可分的知识体系。现通过对土家族传统知识的内容组成部分进行详细分析说明。

一　主体上的集体性

我们通常所说的传统知识，事实上是相对于当今社会现实中产生

---

① 彭英明：《土家族文化通志新编》，民族出版社 2001 年版，第 78 页。

的新知识而言，现代发明或创新的由知识产权保护下的新知识的主体既可以是国家也可以是集体或个人，而土家族传统知识的主体，根据本民族特殊性，对于其主体的确定性，具有现代法律准绳下的不特定性。因为在大部分情况下是土家族人民和生活在该区域的人民在生产生存实践过程中共同创造的集体智慧结晶，而不是创造智力成果的个体。那么，对于创造土家族传统知识特定社区或群体而言，土家族传统知识是与土家族人民和生活在该区域的人民的生活习惯、生存背景、宗教文化信仰、道德风尚等密切相关，相互促进，由土家族人集体自然传承与发展，在生产生活过程中，共同成长并坚持不断进行自我完善与创新自我的过程。因此，没有哪一个个体能自信地认为，这是某个人独自创造出来的成果，主体是个人，并拥有创作权，也没有一个个体能非此即彼地区别此产品表达与彼产品表达。像土家族当地的特色传统食品"合渣、熏腊肉、炸广椒"产自中国中部地区，特别是湖北、湖南、重庆交界的许多城市酒店都会提供这些土家族美食，就餐的客人们只要看到它的外部形状、色彩和品味口感，就会将其视为土家族的传统食品，然而只要生活在土家族地区的人民，家家户户都会做此类食品，祖祖辈辈土家族人都会熟悉其制作工序，但从来没有一个人会说，这是某个人的专有权，而且他们从来也没有意识到这是他们土家族人特有的专利。

　　毋庸置疑的一个事实是，在土家族人民历史发展的过程中，肯定会有无数的单一个体为特定的土家族传统知识的产生、创造与发展发挥了很重要的作用，但是，在许多情况之下，为土家族传统知识做出具体贡献的人的情况，如姓甚名谁，哪一个朝代，由于历史的不断变迁原因而不得而知。又因为土家族集体现在所掌握的传统知识和特殊技能，通常都是由该集体中无数土家族成员个人作出贡献的经验总结。那么，这种个人的贡献在投入实施过程中，并没有考虑个人的主观因素，并且在某一点上也并没有标注属于某人所为，在历经每一朝代的历史变迁之后，属于个体贡献的特性也随之逐渐消失，因此，无法区分个体贡献大小。除此之外，土家族地区的传统社会内部诸多的本民族的风俗习惯、历史渊源、宗教信仰、群族特征、社会秩序结构等等导致无法进行确定归属主体的权利。再则土家族前人经历远古部落时代的社会历史变迁中的个人社会等级、地位和在本族部落上的社会角色以及部落祖先的精神联系等众多因素不能明确确定和意识到个体专利权利的归属。① 可见，通过对土家族传统知识的产生、传承与发展来说明，土家族传统知识都是建立在土家族前人和土家族人民集体成员的知识累积基础上发展起来的。进一步发展，一代传承下一代，个体的贡献作用逐渐以集体智慧力量所代替。因此，土家族的主体在本质上属于土家族集体而非个体，主体权利具有集体性。那么，通过对上述特点阐明与分析，为其建立特别的权利保护制度构建的权利主体分析提供了研究的出发点。

二 时间上的连续发展性

传统知识是居于一切"传统"的，但它并不是古老而又僵化的知识，它是在历史长河的不断变迁中自然延续下来，与长年累月生活在武陵山区的土家族人的生产和生活方式共生共存、共进共发展的知识，并随着土家族人民和集体成员适应着本地区的社会环境的挑战而不断地更新、创新、发展起来。土家族传统知识具有典型地方民族特色，它的传承是永远不可能照搬前人、墨守成规的方式传承给下一代，而是一个不断地确认、适应并在前人基础上完善、更新、再创造的连续过程，并随之社会环境和自然环境的变化而不断改变土家族传统知识本身的形状和内容。② 土家族传统知识经历了远古时代、奴隶社会时代、封建社会时代、半封建半资本主义时代到现在的社会主义时代的历史发展与变迁。所以永远不可能把土家族传统知识按一个不变的模式固定下来。例如，村寨习惯法。乡村寨的乡规民约的内容很丰富、

---

① 崔国斌：《传统知识保护的困境》，国家知识产权局条法司《专利法研究2002》，知识产权出版社2002年版，第229页。
② 国务院法制办公室：《中华人民共和国常用法典》，中国法制出版社2005年版，第3—289页。

存在使用的时间很长，拥有鲜活的生命力，所有的表现形式都是通过言传身教，没有一定的明文规定，而不断在传承者的无形改变下不断发展着，正因为这个缘故，这个条文都是一个活态传承的鲜明活体形式。土家族传统知识在经历中国五个时代的历史发展与变迁之后，其传承者会根据每个不同时代的特征改变其形式和内容，甚至彻底发生本质上的大改变。

土家族传统知识的延续发展性还在于其传统知识并非静止不动的死守已有的知识，它每天都在不断地产生新的传统知识、发展和变化着旧的和新的知识。从这个意义上讲，其与现代知识只是一个相对的概念。由此我们提出的土家族传统知识绝对不是一种已成为过去式的，与新潮流相反的，甚至濒临消失的知识。土家族人民的传统知识永远保持本民族地方传统特色且不具有任何现代知识的任何标志与特征。

土家族还有些传统知识可能并不是一开始就是出土于土家族地区，很大可能在中国发展的某一远古时代的某个区域流传过，但现在已不复存在，只是在土家族人民生活区域继续永远延续流传下去。这类由土家族人民目前所拥有的传统知识虽从历史渊源上看，出自某一远古时代的某一区域，但土家族传统知识的内容和形式是不断更新、创新、发展的，也是土家族人民经过祖祖辈辈世代几千年的历史文化和历经顽强的生存实践而不断积累下来的民间智慧的结晶，以及自然而然形成的具有本土特色的知识和各种技能——每时每刻、每分每秒都在将其更新、完善、传承、创新、发展着土家族传统知识。这使我们为土家族传统知识的知识产权特别权利保护制度构建确立了一个理论基点。

三　空间上的区域性

美国迪格尔印第安人（Digger indian）有一句名言："创世之初，上帝就赐给每一个民族一只陶杯，人们从这个杯子里汲取生命的滋养。"大自然把不同构造、不同面貌的环境赐予了不同的民族，多样的环境滋生了多样的生态环境，多样的生态系统哺育了多样的文化。①土家族传统知识是世世代代繁衍生息在武陵山区的土家族人民与土家族这个特定环境紧密相关、代代传承共同开发与创造的一种特殊的文化知识和生态知识，具有非常显著的地方特色和地域特色。上述所说的两大特色，也是土家族这个特定群体为适应并依附于土家族地区的特定环境发展起来的多样化的知识集合体。如果土家族知识脱离了它本身特有的区域、生态与传统社会环境这个根本，就失去了它特有的光彩与根基，就会随着不同时代的历史变迁而自行消亡，由此，我们就要根据现实存在各种限定因素寻找并建立一种适合土家族传统知识的知识产权特别保护权利制度来对其进行有的放矢的保护。

像土家族地区很具有区域特色的传统"梯玛'疗法，它是一种巫师疗法——非药物性的精神疗法，其带有一种浓厚的宗教迷信色彩，主要是针对某种原因使患病者的精神受到强烈的打击从而造成的心理疾病。治疗时，举行宗教仪式，在当地人称为"做法事"，有"上刀梯""踩油锅""捉鬼""打胎"等各种形式，让患病者得到精神上的慰藉，从而增强自身对疾病的抵抗力，逐渐康复。这种传统的"梯玛'疗法也只有在常年生活于武陵山区的土家族人中广为流传。这种流传的广泛性及长期性，更是反映了土家族传统知识的集体性特征：在克劳德·列维-斯特劳斯的《解构人类学》一书中曾经论说过巫术之所以能对人产生影响的心理缘由，他解释说在一个笃信巫术的社会中，其被害者、巫师及至其他人群在巫术施行过程中，其内在虔信所能催发的思维方式，且因之而更加强化了巫术的功效。这一过程可以说是皮埃尔布迪厄场效理论及符号暴力理论的经典例证。巫术从而排除了怀疑、反对者，纯化了集体价值观念，改变了原有的物质暴力结构，使社会成员中的反抗者、异议者成为同谋和拥趸——这种貌似原始的仪式于思想统御上展示出极为高端强大的力量，使我们很难解释

---

① 周璇、邓君韬：《传统知识视野下我国文化安全研究》，《法制博览》2015年第16期，第43—44页。

至今为止依旧存在大量的受众认可且笃定坚持，因为确实存在着大量实证，证明病患确因此仪轨而获得救治。在大量反对及对此原始宗教仪式的讥嘲中，这些确切例证总是被忽略、回避，这并非是一种科学的态度。梯玛中人和社会环境的关系以及群体心理的趋同、暗示、情绪感染而促成的个体自身行为趋向等诸多方面，在社会心理学等学科的研究上都提供了特异性样本。

正是土家族传统知识的主体具有集体性，这些知识都是由生活在武陵山区的土家族人和生活在该区域的人民共同掌握、共同运用、共同拥有的，而且大多数人集体、自然地共同生活在一个小区域，从来没有意识到这是某个人的创造发明成果，都认为是大家共同所有，也从来没有制定一个系统的保密制度和保护措施。这些公开和公有的本土传统知识也并不是每一个成员都能熟练地掌握和运用，因为有些知识是具有智慧和技术含量的，均需要经过专门的培训才能得以运用。诸如土家族医药治疗知识、非药物治疗知识如宗教色彩的巫术、拔罐、针刺扎挑、刮痧等。还有一些简单的手工制作工艺，如用竹子编织各种家用品、剪纸、刺绣等，都只有部分土家族人掌握与运用。生活在武陵山区的土家族每个区域都有不同的特色，对土家族传统知识的掌握、运用、传承都是有差别的。由此说明，土家族传统知识的区域性特点是很显著的。

四　存在形式上的不成文性

土家族传统知识是在土家族特有的传统风俗习惯、实践和环境下逐渐形成和发展起来的，有些本身并不具有很强的科学性，也无法进行科学系统的分类，也没有一个可以固定的有形载体，没有规范的文字说明，传承人只是通过口头、行为动作和多种有形的艺术形式的表达方式来传承给下一代。

像土家族习惯法里所涉及的乡规民约在存在形式上就具有典型的不成文性的特点。没有具体的文字条约说明，都表现为口头传录和行为继承。还有土家族传统医药知识，民间传统徒手按摩疗术，不用药物，不用疗器，从病者身上的经络穴位用手由上而下、从内到外进行推拿按摩治疗，如：小儿嗝食、发烧、腹痛、腹泻、呕吐、急惊、抽惊、昏迷，以及用于成人的风湿气、麻木症都很有疗效，在土家族地区久负盛名，但没有对其进行文字说明和规范记录。还有像土家族地区的特色传统食品的制作，如熏腊肉、榨广椒、"合渣"、酿制玉米苞谷酒都家喻户晓，皆会制作程序，也都没有书面记录。根据上述出现的问题，引起我们的思考，我们应该用什么样的方式来对其进行有效的保护而又可以不让非土家族地区的人民无偿使用呢？这是一个值得令人深思的问题。

五 存在基础上的不可分割性

土家族人民常年生活在武陵山区，土家族有着悠久的历史和古老而又灿烂的民族文化资源。土家族人民生存生活环境与所在的自然环境、生活传统习俗具有不可分割性，由此，土家族传统知识的存在基础也具有不可分割性。

像土家族人的吊脚楼，就是适应高原山地潮湿多雨的气候环境特点而建立的，这种吊脚楼大多依山而建，用圆木做成框架，底层仅有木柱悬空不住人，上面覆盖着杉树皮或泥瓦、石板，再用薄木板装填墙壁，房屋正中为堂屋，左侧为火炕屋，右侧为卧室，楼外有木质结构的阳台。[①] 又如土家族人民和生活在土家族区域的人民利用山区竹子多的天然地理优势，编织了许多生活用具，如竹床、竹凳、竹桌、躺椅、花架、书架、书篮、花篮、菜篮、饭篓等很有民族特色，销往全国各地，为土家族地区带来了一定的经济效益。还有刺绣、剪纸等等传统知识的产生、发展、运用与传承，都与土家族人民民间所在的天时、地利、人和密切相连，是土家族民间生产生活如文化工艺、传统习俗礼仪、宗教信仰及民间娱乐等不可分割的一个组成部分。常年生活在武陵山区的思想传统的土家族人并没有意识到这些本民族的传

---

① 蓝寿荣、朱雪忠：《土家族传统知识的法律保护》，《科技与法律》2003 年第 4 期。

统知识是具有相当可观的、颇具潜力的外在市场经济价值,对其权利保护意识相当微弱,有些不法商人就是看中了这如此巨大的潜在商业价值,用非正常手段盗取土家族有形或无形的传统知识,并在其基础上进行改造、包装、完善运行于市场,获得可观的商业利润。生活在武陵山区的土家族人和该区域的人民为此付出的集体智慧结晶,却没有得到一点点利益回报。土家族人并没有意识到这种危机的存在,对常年生活在武陵山区的思想传统的土家族人而言,传统的自然环境和人文财产为他们的生存、生产、生活中发挥了不可估量的重大作用。这为我们构建土家族传统知识的特别知识产权保护制提供一个现实的研究基础。

本章小结

通过上述对土家族传统知识的相关特征的详细分析得知,土家族传统知识不同于现代意义的知识产权制度所保护的,表面上完全抛弃了传统而全新开发的智力创造的现代知识。因此,在现行知识产权法律保护制度下,法律法规之于保护土家族传统知识是具有一定的局限性。这种局限性基于传统知识的特性而言,是难以被全面拓展和彻底弥补的——或者,正基于这种必然缺憾,必须要针对法律保护和传统传承及其被破坏之间出现的一系列问题,加以更深入的思考:对土家族传统知识的特别知识产权保护的急迫性、必要性、意义和目的重申其价值。同时,对相应知识保护的法律修订制定及其执行的效率性加以更多的考量及展望和设想,是厘清土家族文化保护的主体以及对法律保护这一诉求的一次溯源:对传统知识的保护,只有切实清楚认识其目的和价值才能促使法律保护效率及保护的效果。也就是说,在现代工业文明、全球一体化的冲击和破坏下,传统知识的保护在诉诸法律之时,很多时候会被狭隘理解,一味偏重于其实际的、可见的、经济功利性目的,而淡漠于寻求保护的初衷:为什么要保护传统知识?

《中华人民共和国非物质文化遗产法》(后简称"非遗法")的总

则就开宗明义：为了继承和弘扬中华民族优秀传统文化，促进社会主义精神文明建设。于全球一体化之进程中，这一阐述恰是言简意赅，切中肯綮。一个国家所追求的终极价值该是基于文化知识的文明而非仅仅为经济建设。这点，费孝通先生于晚年曾一再强调过。1997年，费孝通先生在北京大学举办的第二届社会人类文化学研讨班上，第一次提出"文化自觉"概念，其目的就是应对全球一体化，把握文化发展规律：由文化的自觉进而迈向文化自信。而"文化自觉"的基础就是对"根"的探寻与继承，这种探求的前提就是对备受现代工业文明消磨而不复旧日辉煌的传统知识的抢救、记录、保存、整理。冯骥才先生《为文化保护立言》一书中也着重提出民间文化知识、少数民族文化遗产之于全民族文化构成的重要性及其急需保护的急迫性。

"非遗法"第三条规定："国家对非物质文化遗产采取认定、记录、建档等措施予以保护，对体现中华民族优秀文化，具有历史、文学、艺术、科学价值的非物质文化遗产采取传承传播等措施予以保护。"在强调非物质文化遗产保护的意义和目的上，这一条款有很强的指向性、指导性，对一些含混概念认知予以澄清：传统知识文化的保护中，将"保存"与"保护并重"，即于法律层面强调了"保存"的必要性且申明实施法律保护的主体。这点和联合国《非物质文化遗产保护公约》主旨相契合。

土家族作为中华民族的一员，其传统知识更具备独特性：于历史及地缘关系而言，土家族所处地理环境的闭塞性，及其知识文化和汉、苗等民族的广泛而开放性地缠绕交织，形成了人类学一独特文化景观：极具民族文化个性的同时，又具备同样奇特的共性，于语言、风俗、神话故事、艺术、生产技术等诸多方面表现得都很强烈，也就是说，土家族的传统知识既融于中华民族中，又不失自己独特之处，既具备普遍性，又保留其特异性，是中国文化多元性的良好样板；于社会学、人类学、文化发生学等诸多学科研究阐释不可多得的标的；是我国民族文化传承沿袭演变的优异历史镜像。

土家族地区的传统知识是我国少数民族非物质文化遗产中一部分

内容，其所代表的不仅是土家族人民的尊严符号，更多是中华民族文化多元性的优异样本，是探寻这个伟大国家历史，寻求文化之根脉不可或缺的珍宝。随着国家现行立法逐渐完善少数民族非物质文化遗产法律保护并制定相应的政策来实施对其进行保护、传承与发展，于土家族传统知识的清晰界定对土家族地区自治政府实施保护政策，是文化自觉及文化自信重要的组成部分。土家族传统知识的清晰界定对土家族地区自治政府实施保护政策明确方向与目标具有重要意义。

第 二 章

土家族"特殊传统知识"的保护

第一节 问题源起

土家族传统文化知识中,极具特色性又极为重要的一组成部分——原始巫术、图腾崇拜及原始宗教,经常被误解误读,被斥为"野蛮、蒙昧"。相当部分人认定其不科学、落后,而乐见这些文化遗产彻底丧失。言及保护,甚至被嘲笑,觉得于现代社会而言,这些远古时代的知识全无留存意义和价值。这种观念是错误的。澄清这一错误观念,需要厘清传统知识的基本概念,以及对《中华人民共和国非物质文化遗产法》的相关法律条文进行解读。

传统知识是指"基于传统的文学、艺术或符号;未公开信息;所有其他在工业、科学、文学或艺术领域内产生的基于传统的发明和创造",并把"基于传统的"进一步解释为"知识系统、创造、创新和文化表达一般地从一代传向下一代,通常被认为与特别的民族和地域有关,并随之环境变化而变化"。基于这个概念,本书第一章曾为土家族传统知识划定范围,即土家族土著人民和长期生活在该区域人民,将具有本民族特色的各种遗传资源、有形自然遗产、无形自然遗产,生活的历史渊源、生活传统习俗、本土著心理特征及自然环境、土著群体特征、宗教文化信仰等内容的传统文化艺术表现形式,还包括本土民间传统医药、手工制作工艺、生活习惯和文艺等诸多方面,一代传承下一代,永续留存于民间的具有一切传统的知识称为土家族传统知识。

在普遍存在的对原始宗教、图腾崇拜及原始巫术的误解误读，以及对其进行保护的必要性和急迫性认识不足的情况下，我们有必要依托《中华人民共和国非物质文化遗产法》对这一问题进行更深入的探讨。

我国政府主导的"非物质文化遗产保护"发轫于2003年，当时被称为"中华民族民间文化保护工程"。随后，2004年4月，国务院批准加入联合国教科文组织通过的《保护非物质文化遗产公约》，并于2005年开启了我国非物质文化遗产代表作的申报和评定。这次申报和评定活动到2009年基本结束。2006年，政府下发《关于加强文化遗产保护的通知》。以时间序列而言，我国的非遗法制定是基于联合国公约的缔约，其制定势必受到联合国公约条款的影响——非遗法草案讨论稿，其名称为《非物质文化遗产保护法》，而其后名称变更为《中华人民共和国非物质文化遗产法》，剔除了"保护"二字。这种变更的目的，联系其具体法条，或许更能说明问题。《中华人民共和国非物质文化遗产法》"总则"第三条规定："国家对物质文化遗产采取认定、记录、建档等措施予以保存，对体现中华民族优秀传统文化，具有历史、文学、艺术、科学价值的非物质文化遗产采取传承、传播等措施予以保护。"该条款并列提及了保存和保护。且比列主词差异，重新考量"保护"一词的确定内涵，或许该法律制定时，其所依托的巴黎《保护非物质遗产公约》给了明确的提示：这份公约的原文，保护一词对应的是 conservancy，其本意即涵盖保护、保存、管理。这和汉语的"保护"一词于内涵上并不完全对应。而联系《中华人民共和国非物质文化遗产法》制定过程及草稿中剔除"保护"且于总则第三条详尽确定同时区分开了保存和保护的不同对象即这部为"保护文化遗产"而制定的法律，是将所有的非物质文化遗产"保存"作为保护的一个内容的。也就是说，我们口语常言及的"保护"一词，是涵盖了对非物质文化遗产的"认定、记录、建档等措施的予以保存"。

厘清这一概念后，处于濒危困境的土家族传统知识的产权保护，就可避免一些片面的认识。在法律指引下，对土家族传统知识的保护如土家族巫术、图腾崇拜、师祖神话、祭祀礼仪及各种已经不适应时代的习俗规矩等，所侧重的是认定、记录和建档保存等方面，这种保存方式对部分传统知识而言就是依托于法律的切实具体可行保护。

第二节　土家族巫术的价值及列举

武陵山区是我国荆楚文化的发源地。众所周知，荆楚文化中巫术类惯来是其重要组成部分，仅以《楚辞》为例，《离骚》中大量的"信巫的意蕴和基本要素：如占卜、求女、神游、祭祖皆与苗蛮的信巫风俗有内在联系，屈原作品从民间吸收了充满原始生命力的苗俗精神"[1]。"《九歌》的祭祀对象以自然神居多，且祭祀的神祇带有明显的巫吸痕迹"[2]。土家族所处的地理位置使然，其在久远的年代里，信巫之风即已存在。而难能可贵的是，在周边民族的这类文化的消失残缺泯灭中，土家族以其形式、内容、礼仪、祭祀、歌谣有着极为丰富的遗留，为诸多的人类学家、社会学家、民俗学家，及至心理、文字学家提供了活化石般的文化研究对象。这些独特、丰富的古老留存如一人类发展史的虫洞：诸多专业人士借此重回先民时代，探寻人类语言的形成、思维的演变、思想的变化轨迹及至比较分析，而为人类文化发展做出科学的展望。

"在人类历史上，巫术的出现要早于宗教。"英国人类学家、宗教历史学家、民俗学家 J. G. 弗雷泽在其著作《金枝》中阐述道。古老的巫术，曾一度存在于几乎所有民族的历史中，是以德国哲学家卡尔西曾有断言："巫术可以被说成原始人必须通过的第一个学校。"这样一种曾经普遍存在的人类文化现象，其文化价值之高是不言而喻的。

---

[1]　石慧：《略谈南蛮文化对楚文化的影响》，《中南林业科技大学学报》（社会科学版）2013 年第 6 期。

[2]　吴玉春：《论屈原〈九歌〉对楚巫文化的传承》，硕士学位论文，延边大学，2008 年，第 34 页。

巫术的起源年代，各方认定不同。以中国台湾"中央研究院"院士、美国科学院院士、人类学家、考古学家张光直的说法，至少，于仰韶时代我们就已经有了巫师的具体迹象。他将半坡遗址中的彩陶盆上的鱼形装饰中的人头花纹、半山彩陶盆的人像，认定为典型的"与萨满巫师有关的艺术传统"。[①] 以此推断，土家族的巫术文化应该是这个民族形成过程时即存在的，这种判定是基于马林诺夫斯基《巫术科学宗教与神话》中所论及的巫术起源：语言是巫术形成的基础，以及诸如索绪尔等语言学家在探究语言本源的时候，对巫术分析的重视——且于文化上对该民族特质形成起到作用的——法国社会学大师皮埃尔·布迪厄曾提出著名的"场域理论"，在其后他对这一概念进行解释时，曾指出这一概念并不等同于地域、地理概念，而是"内部具有力量的，有生气、有潜力的存在"，是社会成员按照特定的逻辑要求共同建设的，是个体参与社会活动的场所，及"集中个人策略和社会符号竞争的场所"。和土家族民族形成过程紧密联系的巫术文化基于其广泛而悠久的强大影响力，可以布迪厄的理论将其视作土家族民族文化源泉的一部分组成，且这些于现代文明视角以为过时过气的传统知识，有鲜明的文化符号特质。

土家族文化作为一个有机体，在漫长的历史进程中，其独特的生产生活经历及受到周边文化圈的影响，是其巫术之风盛行的客观条件，而这种形成、发展、绵延文化与土家族传统知识有密不可分的关系。也就是说土家族的传统知识、文化诸多方面都会受到巫术文化的影响而改变。若我们断然以一种现代人视角、"野蛮愚昧"类说辞，对这种绵延数千年的文化抱有成见，而彻底断绝对这一特异文化的保存、保护，于思维、思想层面是对土家族文化完整性及其连贯性的一次割裂，也是对其作为人类活动的活化石之深远意义及内在价值的粗鲁轻慢。

回到法律层面，我们可以看到依据《中华人民共和国非物质文化

[①] 张光直：《考古专题六讲》，文物出版社1986年版，第6页。

遗产法》的规定，一些和传统巫术密不可分的传统知识项目已经被列为国家级土家族非物质文化遗产代表性项目名录，如湘西州龙山县申报的土家族梯玛神歌、宜昌长阳对土家族撒叶儿嗬的申报，等等。或有不足的是，这些完全基于巫术文化的传统知识类别，分别是以民间文学、歌舞类别来申报的。这种情况，从某一角度而言，或是文化保护意识的薄弱使然：太多先入为主的成见，对土家族这一争议纷纷的文化部分的价值缺少必要的认识，对其进行保护的目的和意义缺乏充实的理解。即便如此，《中华人民共和国非物质文化遗产法》的设立，能够积极动用行政手段对濒危的传统知识进行抢救式的保留、保存，于我国文化保护而言，毕竟是一大进步。

下面，我们将土家族一些极具特点的主要巫术文化做个简单罗列说明。

一 服司妥

服司妥源自土家族语音译，意思是祭祖还愿，是一种单家独户的巫祀活动。这种活动要设立掌坛巫一人，伴巫数人，乐器演奏数人，香官、茶婆婆各一人，帮事捞忙的数人，一场活动下来，参与者规模大的达数十人，而围观的人群能达数千人。其举办时间长的可达三天三夜，其间大量巫祝唱词，有极其古老而纷繁的远古信息，诸如一些服司妥歌谣，长达数万行，其中所言及的诸多神灵，以及各种宗教中人物。这样信息量巨大的歌谣的传承保留分析，使得各种学科的研究受益，且为土家族自身的文化渊源、土家族民族性格的形成及嬗变提供丰富的原始资料。

二 摆手舞

湘西土家族摆手舞是最具土家族民族特色、最能反映土家族古老风俗的民间舞蹈，现主要流传于湖南湘西龙山、保靖、永顺等地。一般在农历正月初三至正月十五夜间表演。光绪年间的《龙山县志·风俗》记载："土民赛故土司神，旧有堂曰摆手堂，供土司某神位，至期既夕,群男女并入。酬毕,披五花被锦帕首,击鼓鸣钲,跳舞歌唱,竟数夕乃止。"以此来看,摆手舞是一种祭祀性舞蹈,其目的是祭祀神灵,酬报先祖。据清代八部大王庙残碑和县志记载推测,摆手舞已有近千年历史。湘西土家族摆手舞集歌、舞、乐、剧于一体,其动作取材多为展示神话传说、民族起源、迁徙、战争、生产和生活场景,其舞蹈内容以上述仪式程序结构而成。

摆手舞是集体舞蹈,参与者围成圆形,在中央放置锣鼓,也可以置于边上。摆手舞的参与者男女皆可,"导摆者"引领参与者,站于行列之前做示范,行列之后有"押摆者"压队,在锣鼓的伴奏下,边唱边舞。每一圈动作都可以连接起来并构成一个完整的情节。例如,春节耕种的一个整体动作,如耙田、插秧、扯草、望太阳。舞蹈分为大摆手和小摆手,大摆手祭祀族民族始祖,规模浩大,参加舞者可超过千人、观众规模达到数万的场景;小摆手主要祭祀本姓祖先,规模较小。它的舞蹈动律有鲜明的民族特点,动作特点是顺拐、屈膝、颤动、下沉,表现风格雄健有力、自由豪迈。摆手舞的音乐包括声乐伴唱和器乐伴奏两部分,声乐主要有起腔歌和摆手歌,乐器主要是鼓和锣,曲目往往根据舞蹈的内容及动作而一曲多变。可以说,土家族摆手舞保留了大量的古文化遗存信息,而其歌舞特色鲜明,至今为人们喜闻乐见。

三　土家族梯玛

土家族梯玛神歌是集音乐、舞蹈、诗歌于一体的敬神驱鬼仪式。其主持者巫师,被称为"土老司"即"梯玛"。在清朝改土归流之前,这个巫师角色都是由女人充当,其后被禁止,改为男性充当。其敬神的祷词及祛除鬼煞的咒语,都是有师承口口相传。在梯玛为民求神及逐鬼的活动中,有丰富的歌舞、乐舞表演,及上刀山、下火海的显著的原始巫术仪轨。

彭荣德曾记述了1987年于吉首举办的梯玛仪式。按照记述,梯玛们戴法冠,穿红袍,手持柳旗,吹牛角,念咒语。其中土家族巫师有保靖、永顺、古丈、龙山及周边各县城乡村都来参加。仅龙山一县，就有50多个可做主祭的"掌坛梯玛"，"掌坛梯玛"不但会带领多个"帮坛梯玛"，还会带各自的传承弟子。在彭荣德记述中，更为引起关注的是："这些土巫并不是为了挖掘民族文化而在节日里抬出来逢场作戏的虚设人物，他们生活在深山老寨中，仍有一定的群众基础。"[①]

四 跳丧舞

土家族的跳丧舞，于土家族被称作"撒尔嗬"。这是一种悼念死者、为死者送行的丧葬仪式，其奇特之处就是：将丧事做喜事来办，其来源是基于叫死去的人再享欢乐。土家人素有"一死众家丧，一打丧鼓两帮忙"的说法，丧鼓一响，远亲近邻纷纷赶来，在死者灵柩前载歌载舞，通宵达旦。于此仪式习俗可看到土家族人对生死的态度，体现出这个族群鲜明的民族精神文化气质。以具体文字记载而言，这种跳丧习俗，早在《隋书·地理志》就有记载："……其左人则又不同，无哀服，不复魄。始死，置尸馆舍，邻里少年，各持弓箭，绕尸而歌，以扣弓箭为节，其歌词说平生之乐事，以至终卒，大抵亦犹今之挽歌也。"以记载之礼仪成熟看，其历史可能更为久远。

在这种奇特的追悼礼仪中，掺杂着大量的巫术言辞，如请神、安五方、还阳等，且深究其内里思维，与图腾民族的思维模式有重要关联性。

第三节 土家族的图腾崇拜和原始宗教

图腾文化是原始先民较之巫术崇拜更为系统的观念体系。学术界多认为其产生于旧石器的中晚期，且将之理解为一种原始世界观：图腾崇拜回应了人和自然、人与社会、人与人之间以及人对自我认知的多重关系——图腾（Totem）源自北美印第安阿尔衮琴部落方言，其本义就是我的亲属。在图腾崇拜民族中，其先民相信人和某种动植物

---

① 彭荣德：《廪君神话的巫术内涵》，《民族论坛》1989年第2期。

之间存在血缘关系，进而作为祖先而去崇拜。

土家族的图腾崇拜文化纷繁复杂，极具特点。以典籍文献记载为依据，土家族的图腾崇拜有如下内容：

一　虎图腾

从大量的出土文物证明，土家族的前身（巴人）军乐虎钮淳于、铜戈、铜剑等器物上就有虎图腾，虎图腾早在汉代就已成为土家族民风。《后汉书·南蛮西南夷列传》也有记载："廪君死，魂魄化为白虎，巴氏以虎饮人血，遂以人祠焉。"潘光旦教授曾考证过土家族语言，他从《全唐诗》等作品摘录了11位诗人描写"巴语"的作品，认定巴语存在的事实，并举出"虎""鱼"两个名词加以说明。据扬雄《方言》第八说："虎，陈、魏、宋、楚之间，或谓之'李父'；江淮、南楚之间，谓之'李耳'。"他又结合严学窘、汪明、王禹等人的调查指出："现在我们知道，至少龙山县的'土家'语称公老虎为'李爸'（Li-Pa），母老虎为'李你卡'（Li-ni-ka）；'父'与'爸'，'耳'与'你'，在声音上原是相通的。"[1]且在考证土家族语言的过程中，考证了土家族对虎的图腾崇拜。[2]

流传至今的土家族虎图腾崇拜，因地域差异，也有不同风俗。具体来说，鄂西土家族敬白虎，湘西土家族畏白虎，渝东南鄂西边土家族奉"坐堂白虎"，总体以敬"白虎神"为主。在日常生活中，表现最为普遍的是门神贴"上山虎""下山虎"，以虎驱邪，以虎镇恶。祭祀活动中，"敬白虎"为其中的一项。婚礼仪式中，男方正堂大方桌上要铺虎毯。

二　蛇图腾

袁珂先生在其《古神话选释》一书，从廪君神话及《说文》字词

---

[1] 黄柏权：《潘光旦先生与土家族研究》，《中南民族大学学报》（人文社会科学版）2000年第1期。
[2] 潘光旦：《潘光旦民族研究文集》，民族出版社1995年版，第226页。

注释角度，阐述了蛇图腾在土家族图腾崇拜中的存在。向柏松教授在《从巴蛇到白虎：巴人图腾转换》中提及：以廪君神话为界，巴人的图腾崇拜曾经出现过转化：由初始在中国语境中极具女性、生殖象征意味的蛇，转化为具备更多阳性属性的虎。这种转化过程与人类文化进化史母权社会向父权社会过渡的时期或有关联。我们知道，土家族先民初始于巴人，有诸多考古发掘显示，在巴人活动区域出现过大量蛇的符号。这其中，蛇作为食物性的图腾选取是很容易理解的。潘光旦教授曾经从语言学范畴论及蛇图腾的存在，考量土家族人的"毕兹卡"一词的自我称谓，曾认定其中的"毕兹"一词即为巴人活动区域的一种蛇的名字，并由此推论巴人这种"毕兹卡"的自称和其图腾崇拜密切相关。且土家人的先民习惯上一度把老虎称为"斑子"，其发音与其"鼻寨"蛇相近——这种含混也是其图腾转化过程中一语音项类的遗存表现。

三　鸟图腾

有学者于《周书·王会》等记载揣度巴人的鸟图腾崇拜可能源自对氐、羌的承继。我国的鸟图腾于各地域民族中多有留存，这一点可能和图腾崇拜中对食物性选取的原因有关。而土家族的鸟图腾崇拜已经脱离了这种思维，这在土家族流传广泛的梦生神话《佘婆婆》中即可见端倪：佘婆婆在神话中被称作佘香香。在传统神话故事中，佘香香只是十七八岁的姑娘，为了躲避部族间的仇杀进入深山。在艰难困苦中，她获得了鹰的帮助，且于梦中梦见了两只小鹰闯入怀中，进而因梦感应而生了女孩芝兰、男孩飞天。在故事结尾，佘婆婆年事已高，在临终前，殷殷嘱托自己的后代：鹰是我们的恩人，以后你们应该一直尊重它们。其后代遂把鹰称呼为"鹰公公"。

诸多土家族文化的研究学者一致认为，该神话中的"佘氏""佘香香"即为土家族曾经的蛇崇拜的象征，而其鹰鸟故事则有明显的图腾转换意味。在这里，土家族先民对鹰鸟的崇拜已经脱离了原始的图腾选取的食用性，转而升华为更具备道德伦理象征、更具备精神文化特质的一种图腾。

四 "白色"及"崇三"

应该注意到，在土家族的图腾崇拜中，有关"白虎崇拜"并不等同于对虎的崇拜，其发生产生流行时期及其相应的图腾崇拜内涵是有差异的。

《后汉书·巴郡南郡蛮》中记载当时巴人口口相传的神话：廪君死后，其魂魄世代变为白虎。美国人类学家墨菲曾于原始人群的颜色认知上做过相关探寻，在其《文化与社会人类学引论》一书中，根据其大量的田野调查结果判定，原始人类对颜色数量的认识能力是和其社会进化序列相同步的。而普遍人类族群的早期颜色认知，都是从白色开始——对白色的认识、推崇是优先于红色的——这种判断在土家族颜色推崇上似乎出现了偏差。同样以《后汉书》记载而言，我们发现《南蛮西南夷列传》中，土家族原始组成部分的巴氏、樊氏、相、郑、谭诸分支，其颜色认知涵盖了黑、红两色，而其后"统一"于崇尚红色的廪君一脉之后，作为整个族群的文化象征色，并没有延续胜利者本身的自有颜色符号，而是选取一种新的颜色作为群体文化符号，即白色。这一点杨昌鑫《土家族风俗志》中有诸多记述：无论是土家族所崇拜的白帝天王，还是其梯玛仪式中神像的面色，及至各种祭祀用动物毛色的选取，土家族人对白色的偏爱已经不是简单的喜好可以解释，而诸多田野调查、考古证据、神话传说中有关对白色的崇尚也比比皆是。这种与墨菲的判断冲突之处，该是由土家族人对白色推崇思维、产生的年代、缘由使然，这种白色推崇并非是源自早期人类，而是后天诸多因素促成的。

土家族人对数字"三"的崇尚也是一个值得注意的现象：在随处可见的土家族原始宗教遗迹中，其被供奉的神灵都是以三为计。包括白帝天王庙、土王崇拜的庙宇——这一点和我国传统文化中对中庸中和观念有极大渊源：礼记中的"持两用中"、《尚书·大禹谟》"允执厥中"于中国古代哲学中均被理解为中国古代认识论的传统并不是简单地一分为二，而是一分为三后的比较取舍。这种思想认识源流上的契合，可能对土家族和汉族及其他民族的历史关系、文化思想的融合诸多方面更具探寻意义。

第四节　土家族的原始宗教

任继愈先生主编的《宗教词典》是这样对宗教做出定义的：宗教相信在现实社会之上还存在着超自然、超人间的神秘境界和力量主宰着自然和社会，因而对之敬畏和崇拜。宗教是原始社会发展到一定阶段的产物，最初为原始人群的自发信仰产生的。[1]

多数学者也认为，原始宗教的产生和原始人群的丧葬礼仪、祖先崇拜密切相关。而土家族传统知识中，这些方面所沉淀下的诸多原始遗痕，在我国各民族中堪称最为丰富多样。其在人类文化进程中，由巫术而图腾崇拜，由图腾崇拜而神话而宗教的全部阶段都有丰富的音乐舞蹈礼仪歌谣留存，这样完整的人类文化进化图谱，经漫长的历史变迁而依旧完整保留，不可不谓之奇迹。而在传统知识保护中，这方面的态度和认识都与该文化所具备的意义和价值不相匹配。在理论上的含混认知，导致对这方面传统知识的保护实施最为薄弱。随着工业文明的冲击，这部分传统知识的保护、保存理应更为重视，加大力度和加速保护、保存进程。

首先，让我们简单罗列土家族原始宗教的几个形式。

一　土家族人的"白帝天王"

基于对土家族人原始宗教产生时期的揣度——父系氏族公社晚期和文明社会早期——其氏族首领、土王的专制统治已经建立，这种生活政治场景、政治状态，使得纷繁的神话中的诸多神灵逐渐消退、淡化，一个唯一的权力掌控形象在人群中产生，并被相应地神化。

---

[1]　任继愈：《宗教词典》，上海辞书出版社1981年版，第712页。

土家族的白帝天王应该就是这个时期的产物。在土家族区域，白帝天王庙普遍存在，庙中供奉祭祀着白脸、红脸、黑脸三尊神偶，俗称"三个老人家""三老爷"。其在土家族的南北方言区，又产生不同衍化，只是其核心价值观并无变化：土家族人虔诚供奉，许以牲醴，祈福祛病，立誓解争斗，包括各种禁忌。《凤凰厅志》卷十一载中曾记载土家族人对白帝天王祭祀时的诸多禁忌："……禁屠沽，忌钓猎，不衣赤，不作乐；献牲后，方弛禁。稍不谨，则有疾疫瘴疠为灾害。"于此，其宗教仪轨的庄严隆重及信徒之虔心赤诚可见一斑。

二 土王崇拜

鄂西土家族多祭祀覃、田、向三位土王，称之为"三好汉"。这三个人物于真实历史上均有记载，因地域不同，所祭祀的土王或有不同。这些土王不再是同白帝天王一般的虚拟人物，而是从神灵和民族英雄人物混杂的崇拜对象了。土家族各种神话故事传说中，这些被崇拜的人物都有相应的英雄事迹，神力、高尚的道德被口口相传，绵延至今。这其中包含着很多的文化历史信息，且由此可窥见土家族人的文化精神渊源。

三 家先崇拜

土家族人的家先崇拜在其原始宗教构成中占较大比重，是和土家族人生产生活紧密联系的最多、最为普遍的崇拜仪式。

以土家族居所的三间结构为例。中间的堂屋同时充当神间，两边才是人居住的。神间有家龛，设立神桌，陈放祭品。家龛中间书："天地君亲师"，左右两边分别有"九天司命"和"太乙府君"及本家历代祖先的小字标志。

有些家庭还将"四官神"移置于家龛。这里的"四官神"按照杨昌鑫先生的解释为：豖官神，是土家族祭祀的六畜神[①]。这里需要着

[①] 本书编审委员会：《中国各民族宗教与神话大词典》，学苑出版社1990年版，第76页。

重指出的一点是这个词语解释的分歧,当地土家族人有些并不认可杨先生的解释,而另有其词。且很多人因为缺少文字性的记载,对这个宗教符号的认识,只是音声。于此,我们也能看到这类土家族传统知识的流逝、消失轨迹,再过几十年,或于这类留存不加整理、保留,就会彻底泯灭消失掉了。而且,值得引起注意的是,诸如李星星《曲折的回归》一书对家先崇拜模式的质疑和辨析,他认为,"天地君亲师"的字符,并非土家族文化初始组成,而是按照统治阶级要求,强制植入的规范信仰的产物。对此诸多辨析争议的前提,恰恰是提醒我们对这一类敏感的传统知识应有的保护态度和认识。厘清历史文化传承并对各种人类活动现象进行分析研究的基础,就在于该文化尚有存留。如果漠视这类传统知识的丧失,会给其后诸多理论研究带来困惑和麻烦。

四 土家族神话

土家族神话的知识产权保护,虽然受限于著作权类有关"作品"的法律解释和诸多法理的纠葛,但是有赖于《中华人民共和国非物质文化遗产法》及地方法规对传承人的重视,较之前文列举的诸多知识产权而言,其保护效果即便不尽如人意,总还是要好得多。

土家族神话有极为丰富的文化内涵和人类历史沿革的信息留存,对我们探求人类本源和深入理解土家族文化传统及传承有重大意义。土家族的地域环境及其生产生活独特性,使得其传统文化中神系图谱纷繁复杂,除图腾崇拜及原始宗教中的诸多白虎神、五鬼神外,梅山神、土地神,及至水井、牛、风火雷电、茶、米、烟、田……无不有相应神灵存在,且因之滋生大量的神话传说。

其相关《开天辟地与伏羲姊妹》《罗神公公和罗神娘娘》课程教具一般阐释列维-斯特劳斯对"神话语言与一般语言不同,是在特别高层面上起作用的语言"这一类学科论述,其完整而鲜明的始祖神话特征,可谓诸如闻一多先生对始祖神话的分析。在《摆手歌》中,兄妹唱词,以及主管婚姻的神灵——土义图介的劝告劝说词语,都保留了大量的社会进化过程的原始信息。

相对于以上神话，廪君神话更具有传承性，它不仅对土家族迁徙、生产方式转化、各种历史进程有清晰描画，而且其中廪君与盐女之间的争斗，纵使血腥，确也真实展现母系氏族过渡过程中权力斗争的真实一面。八部天王的相关神话，在其后我们很多民间故事中都能找到其相应投影，其是否对其他民族的文化想象力作出贡献，这倒是难以证实了。

本章小结

东京教育大学教授、日本明仁天皇的历史老师家永三郎著述《日本文化史》。其于开篇原始社会，描述巫术之于史前社会的统治及其令人震惊的生命力时，提及当年日本原子能研究所举办的奠基仪式中出现"地镇祭"，他并没有排斥这种"在现在文明最高技术研究场所举办这种古老巫术"的荒谬，反而是惊讶这种原始巫术强大的生命力，推论："民族信仰的起源或许就在这里吧。"[1] 同样，相应的论述出现在英属马来西亚教育长官理查德·O.温尼斯特的《马来巫师》这一权威著述中："每一个民族都有它的巫术信仰及习俗储存室，许多遗存下来的都是优雅美妙的，维持了文明的连续性。希望现代唯物主义思想不要将其完全抹杀，使得马来文化变得鼓噪乏味。"[2] 很多时候，作为个体，我们在审视童年的时候，总会抱有一种脉脉温情。有些奇怪的是，在以现代视角回顾数千年前先民的生活场景时，偏就可断然称之为野蛮、蒙昧了。

文化，仅仅是体现于经济状态和科技水准么？如温尼斯特所说，原始的知识中，巫术及原始宗教价值不仅仅于其所诞生年代的实践性功效，更多是蕴含其中的先民思想、思维流变，对民族文化而言，这

---

[1] ［日］家永三郎：《日本文化史》，赵仲明译，译林出版社2018年版，第21页。
[2] ［英］理查德·O.温尼斯特：《马来巫师》，载［美］克利福德·格尔茨《文化的解释》，韩莉译，译林出版社1999年版，第14页。

确是源头所在。

在日本这个高度发达的资本主义社会里，祭祀、巫术、生殖崇拜的习俗一直长久流传，渗透于生活的诸多方面。这个被世界公认的热衷于吸收外来文化的国家，其本族的文化知识一直保持着连续性，并没有因为广泛吸收和接纳外来文化而淡漠本民族文化的继承发展。或于旁观者而言，其本土文化和引入文化之间的冲抵固然，但是更多表现在相互间的交融促进。这一点，和日本对民族文化遗产的保护是分不开的。日本于1950年制定了《文化财保护法》，将其法律保护延伸至非物质文化遗产，其第三章节，对民俗法律保护上，极尽详尽。反观我们对传统知识的保护，对保护的目的和意义认识不足，过多偏颇于对有经济利益、现实意义的传统知识保护，对诸如巫术、原始宗教这类远古遗存的文化价值和保护意义认识不足。或为经济利益而过度开发利用，将之作为旅游文化项目，以满足游客好奇心。这种完全出于经济利益的开发利用，势必会对这类传统知识的原生状态造成损害，且抽离了其内在精神，加快其消亡速度。

费孝通先生提及"文化自觉"时曾言及其艰巨性：文化自觉是一个艰巨的过程，只有在认识自己的文化，理解并接触到多种文化的基础上，才有条件在这个正在形成的多元文化的世界里确立自己的位置。这种自觉的艰难所在，或者正是基于对自己文化的深刻、深入的认识，而其中对"根"的探寻以及对民族文化连贯性的保护问题尤为重要。我们都清楚有关巫术、原始宗教类传统知识，完全不同于其他诸如建筑、工艺美术、音乐及民间类传统知识，其实用性基本丧失，在现代社会再不会重现旧有的辉煌。这种传统知识的产生、壮大、衰落及至消失是土家族文化作为一个有机体自我演变的必然结果。但是，这些传统知识所富含的文化价值十分重大，对这类知识的抢救式保护、保存尤其应提高认识、端正态度，依托于《中华人民共和国非物质文化遗产法》相应条款，对其进行必要的保留、保护。而能够做到这一点，并不容易。首先是在文化认知上，不再对这类传统知识抱有轻慢态度，且能够正确认识理解其于文化构成中的显著地位，于文化意识觉醒过程的重大价值，以及我们致力于保护的目的所在。在此基础之上，才可能明晰于法律条文上，将其明确归纳入《中华人民共和国非物质文化遗产法》"总则"第二条"其他文化遗产"项，而依法进行保存保护。

  这里需要特别澄清的是，我们这里所提及的保护，并不是对这类原始传统知识推广促其发展壮大——事实上反对对这类知识的过度利用开发才是保护的初衷。如本章前面部分，笔者仔细辨析过"保护"一词于《中华人民共和国非物质文化遗产法》中的确定概念及我们根据这种界定而对土家族传统知识进行保护。尤其是这类别的传统知识，重要的是对其记录、建档、保留，也就是《中华人民共和国非物质文化遗产法》第二章第十二条规定：文化主管部门和其他有关部门进行非物质文化遗产调查，应当对非物质文化遗产予以认定、记录、建档，建立健全调查信息共享机制。其中，具体于巫术、图腾崇拜及原始宗教的保护，《中华人民共和国非物质文化遗产法》第二章十二条款中有关"认定及建立健全调查信息共享机制"在实施上亟待加强。

第 三 章

土家族传统知识的特别知识产权保护的背景

对常年生活在武陵山区的思想传统的土家族人而言,土家族传统知识所具有的独特性,在他们的生存、生产、生活中发挥了不可替代的重大作用,其相应的文化价值更是我国文化多元性的重要组成部分。也正由于土家族传统知识的发展延续年代久远,其中绝大多数的传统知识都不具有直接的潜在商业价值,或者也没有意识到这种经济价值的存在。但随着中国市场经济的迅猛发展、城镇化进程的高歌猛进、对外开放的思想大浪潮的冲击、引进所谓西方文化的侵蚀,土家族传统知识的存续与保护陷入濒临消失中。在现代工业文明及全球一体化的大背景下,对地方文化、传统知识的知识产权的保护,也就越发重要,一旦放任这些古老的传统知识独自去抵挡迅猛的外界环境变化,那些极具文化价值和意义的传统知识势必会加速衰落,进而消失。

第一节 土家族非物质文化遗产的普查和名录情况

土家族非物质文化遗产是土家族人在其特有的自然生态环境下及本民族历史发展过程中生存、生产和生活经验的累积,对我国少数民族及土家族地区的社会发展作出了重要贡献,促进了文化多样性发展和民族文化内涵的凝聚力。尤其对于土家族人来说,土家族非物质文化遗产是其民族特有的文化象征、民族之魂,但土家族非物质文化遗产的保护与发展正面临着严峻的考验与威胁。

一 土家族非物质文化遗产的普查情况

土家族分布于湘、鄂、渝等省市,相关地方都进行了土家族非物质文化遗产普查工作,基本掌握了土家族非物质文化遗产的种类、数量和分布。如贵州铜仁自2006年进行非物质文化遗产普查以来,经全市文化工作者的辛勤工作,初步摸清了全市非物质文化遗产的种类、数量和分布。共摸排普查线索5600多条,正式确认普查项目875项,涵盖16个门类,其中,具有较高文化、历史、艺术、科学价值的重点项目423项。重庆黔江区根据2005年6月文化部办公厅《关于开展非物质文化遗产普查工作的通知》精神和2009年文化部的工作部署开展黔江区非物质文化遗产普查工作,基本掌握黔江区各乡、镇、街道非物质文化遗产资源的种类、数量、分布状况、生存环境、保护现状与存在的问题。

二 土家族非物质文化遗产名录体系情况

黔江区是土家族集聚地,有着几千年历史的非物质文化遗产,并被较完整地保留了下来。黔江区采用多种形式加大非物质文化保护力度,其中《南溪号子》被列为国家级非物质文化遗产名录;2015年新申报9项第五批市级非物质文化遗产,市政府已经发文通过,区级名录达50余项。截至2016年年底,恩施州入选国家级非物质文化遗产代表性项目名录项(表3—1),入选湖北省省级非物质文化遗产代表性项目名录62项,州人民政府公布州级非物质文化遗产代表性项目名录124项,八县(市)人民政府公布县市级非物质文化遗产代表性项目名录331项。铜仁市列入国家级名录8项,省级名录50项,县级名录414项。

表3—1 湖北省恩施州国家级非物质文化遗产代表性项目名录（15项）

申报地区或单位	项目名称	项目编码	类别
来凤县	土家族摆手舞（恩施摆手舞）	Ⅲ-17	传统舞蹈
恩施市	灯戏	Ⅳ-77	传统戏剧
鹤峰县、恩施市	傩戏（恩施傩戏）	Ⅳ-89	传统戏剧
宣恩县	薅草锣鼓（宣恩薅草锣鼓）	Ⅱ-27	传统音乐
鹤峰县	土家族打溜子（鹤峰围鼓）	Ⅱ-27	传统音乐
利川市	肉连响	Ⅲ-52	传统舞蹈
来凤县、咸丰县	南剧	Ⅳ-125	传统戏剧
巴东县	江河号子（长江峡江号子）	Ⅱ-98	传统音乐
恩施市	恩施扬琴	Ⅴ-74	传统曲艺
利川市	利川灯歌	Ⅱ-142	传统音乐
宣恩县	三棒鼓	Ⅴ-106	传统曲艺
咸丰县	土家族吊脚楼营造技艺	Ⅷ-211	传统技艺
恩施市	绿茶制作技艺（恩施玉露制作技艺）	Ⅷ-148	传统技艺
来凤县	龙舞（地龙灯）	Ⅲ-4	传统舞蹈

三 代表性传承人名录情况

黔江目前国家级传承人有《南溪号子》1名，市级传承人有16名，其中《南溪号子》2名、《角角调》1名、《石城情歌》1名、《后坝山歌》2名、《中塘向氏武术》2名、《高炉号子》2名、《灌水后河戏》3名、《误幺姑》1名、《西兰卡普（土家织锦）制作技艺》1名、《帅氏莽号》1名。铜仁积极申报国家级、省级传承人，并开展了三批市级传承人评选认定，现有国家级传承人9人，省级传承人46人（去世5人），市级传承人88人（包括国家级和省级传承人），县级传承人468人。截至2016年年底，恩施州被命名的国家级非物质文化遗产项目代表性传承人5人（表3—2），省级项目传承人76人，州人民政府公布州级传承人152人，八县（市）公布县市级传承人316人。

表3—2　　　　恩施州国家级非物质文化遗产项目代表性传承人

序号	姓名	性别	申报地区或单位	项目名称	项目编码	类别
03-0935	吴修富	男	湖北省利川市	肉连响	Ⅲ-52	传统舞蹈
03-1070	孟永香	女	湖北省恩施市	灯戏	Ⅳ-77	传统戏剧
03-1074	蒋品三	男	湖北省恩施市	傩戏（恩施傩戏）	Ⅳ-77	传统戏剧
04-1933	万桃元	男	湖北省咸丰县	土家族吊脚楼营造技艺	Ⅷ-211	传统技艺
04-1545	邓斌	男	湖北省来凤县	龙舞（地龙灯）	Ⅲ-4	传统舞蹈

第二节　土家族传统知识的濒危

一　从文化传承角度分析土家族传统知识的濒危

从土家族文化传承角度来看，土家族人民的传统生活方式因与当今潮流的时尚性方式格格不入而遭遇年轻一代的冷落甚至抵制。土家族传统的生存、生产、生活方法以及祖祖辈辈沿袭下来的生活习俗已经过时；利用土家族民间传统手工工艺技能制作生产产品、生活用品的时代已被现代高科技时代所替代。那么，土家族人的思想，特别是土家族年轻人的思想在改革开放、与时俱进、科学发展观的理论指引下，积极追求新鲜事物，学习新鲜事物，人民的物质文化生活水平大幅度提高，从而逐渐淡化了土家族传统知识和其传统生活方式并逐渐丢失。

像土家族的传统生活服饰，目前除了一些处在交通闭塞的深山偏远村寨中的少数人继续穿这种服饰外，其他大部分土家族村寨已经没有人穿了。中南民族大学柏贵喜教授曾于1988年对湖北省来凤县河东乡舍米村102人的服饰进行调查，发现全身穿土家族服饰（包括上下身装、包头和鞋）的只有2人，而且年龄在60岁以上，部分穿土家族服饰的有32人，其余的不穿土家族服饰；1999年，柏教授对河东乡舍米村等土家族村作问卷调查，87人回答穿过土家族服饰，占41.04%，其中只有21人现在仍经常穿土家族服饰，而其余66人现在不穿了，理由是"大家都不穿了，所以我也不穿""土家族的服饰没有现代服装好看"等。① 又如土家族的织锦，在土家族地区称为"西兰卡普"，它是以棉、麻或丝为原料，特以棉纱为经线，以各种彩色线为纬线，利用纯手工挑织而成的织锦。这个织锦的由来传自一个民间神话故事，传说一个名叫西兰的织布少女，半夜梦见树林中出现一朵朵雪白的花，这是从来没有看到过的花型，她一夜之间织出来了这朵花，从此，人们为了纪念这位少女，以她的的名字命名为"西兰卡普"。现代人已很少知道"西兰卡普"这个手工织锦名号了。还有土家族世代相传的民间"扎染"和"蜡染"传统工艺技术，其中最为流行的是民间"蜡染"工艺，是采用土家族地区天然的野生靛草为原料，加上石灰混合在一起，通过发酵、沤制过程制成染料，色彩是以青蓝两色系为主。又如，湖南省凤凰土家族自治县还有一位叫"刘大炮"的土家族民间工艺传人，2000 年去意大利的罗马、佛罗伦萨、米兰表演，获了奖。"刘大炮"因为自身特殊的技艺，还被一个学者专门写成了书。② 现在，从事这种工作的年轻人已经很少了，而穿这种布料制成的衣服的人更少了。还有如土家族人民的民族习惯法，由于他们对国家制定的法律法规在理解上存在了一定的偏差，接受程度因人而异并不完整，导致少数人不遵守村规民约，不尊重族人、族规，伴随之矛盾加剧。

毋庸置疑的一个事实是，土家族传统知识如果没有代代相传的传承者的存在和坚持，那么，渐进濒危与最终消失将不可避免。

二 从经济发展角度分析土家族传统知识的濒危

随着中国改革开放的春风吹遍大地，市场经济高度发展，人民的物质文化生活水平得到提高，少数民族地区的经济发展显得尤为重要。一个地区的发展首要是交通运输的发达，以经济学角度来分析，投入资本就必然要考虑到产生的效益，这是遵循市场经济的价值规律的作

---

① 柏贵喜:《转型与发展——当代土家族社会文化变迁研究》，民族出版社 2001 年版，第 146—147 页。

② 汤素兰:《刘大炮：凤凰染布匠》，湖南美术出版社 2004 年版。

用。如武陵山区的高速公路，由于海拔高度在1000米以上，是山连着山、山套着山、山衔着山、山抱着山，千山万岭，峰峦叠嶂，需要投入大量的资金修建。路通了，才能带动这一地区的经济发展，改变土家族地区人民的贫穷面貌。武陵山区拥有着天然的人文地理环境和水土资源，山同脉，水同源，树同根，人同俗。但修建高速公路无疑就破坏了这里的一切来自天然的人文地理环境、历史渊源、生活传统习俗，天然的水土保持效益被破坏并渐渐消失。还如，有些土家族地区为了发展当地经济需要，旧城镇换新貌，外来房地产商人搞投资、政府利用少数民族地区的天然景观进行旅游开发建设促进经济的发展，由于对历史文物、古迹和土家族传统知识的保护意识非常薄弱，在开发过程中无意识地破坏了土家族民族历史遗迹和土家族人民的生存、生活方式、传统习惯、习俗、风土人情，造成了不可估量的损失。而在城市规划建设和旧城改建过程中为适应大都市风尚的建筑风格，拆毁了具有土家族民族文化传统风格的古老建筑和街道。为了改善土家族人民的生活环境，政府出资将一些土家族村寨老百姓的古式传统吊脚楼改建成了砖瓦房。同时，由于这些地方政府部门没有安排专项资金来保护历史文物古迹和全力征集土家族特有民族珍品文物，造成土家族传统服饰、生活用具、古董、文献典籍等这些土家族特有的传统知识流失于民间，或者被不法商人低价买走。同时，所有一切具有土家族传统特色的知识都在不断地改变，特别是一些民间的传统知识不重视传承者的培养和保护，面临着失传的危机，就连土家族特有的传统婚嫁民俗也因国家提倡婚事从简被逐渐取代。土家族人民的娱乐生活也随着时代的潮流发生了巨大的变化，现代的影视传媒、上网休闲、打牌、KTV、酒吧，以及各种各样的时尚杂志等逐渐取代了具有本民族特色的对唱山歌、土家巴山舞、狩猎等闲暇娱乐活动。中南民族大学柏贵喜教授曾于1999年对湖北省来凤县河东乡舍米村等土家族村作问卷调查，发现闲暇娱乐活动多少依次为看电视听收音机（83.3%）、看报看书（52.8%）、打牌（33.3%）、和家人一起（27.8%）、串门闲谈（11.1%）、参加集体活动（8.3%）。婚礼简化，中华人民共和国成立后,"农村土家族结婚取代现代婚礼者也为数不多,有些思想进步者如村干部,尤其是妇女干部结婚时多不举行任何婚礼",改革开放后(20世纪)80—90年代结婚的夫妇中,举行新式婚礼的占16.7%,不举行婚礼的占8.3%,询问未婚青年"您认为婚事应当如何操办?"只有19.5%的人认为"应当符合风俗,隆重操办"。① 就连现在的土家族传统服饰,为了发挥经济效益,只出现在各大酒店、娱乐场所等作为招揽生意的工具。所有这些时代型新元素推动着人类社会的不断进步,土家族传统知识都面临着失传的危机。

第三节 土家族传统知识的经济利益失衡

一 土家族传统知识不符合现行法律保护标准引起的经济利益失衡

土家族传统知识产生的年代久远,它是土家族人民集体创造的结果,在有些方面并不符合现代知识产权保护制度的保护标准。因此,土家族的很多传统知识都不具有专有权,大都被现行法律体系定位在公共区域内的传统知识,也就是说任何人无须经过相关部门审批都可以不用付费而直接自由利用,从而无偿获得巨大经济利益,而这些土家族传统知识的原创者、传承者顶多只在精神权利方面得到承认,几乎不可能从他人利用土家族传统知识进行再创作并使其商业化后所获利益中得到补偿。

例如:土家族的民歌《龙船调》在国内是家喻户晓、人尽皆知。《龙船调》原是湖北省利川市柏杨地区土家族人划龙船时的伴唱,1955年春节,利川举行民间文艺会演,柏杨代表队表演了《种瓜调》,后经过加工整理,定名为《龙船调》,1957年在全国第二届民间音乐舞蹈会演大会上,恩施土家族歌手演唱《龙船调》,之后传遍中国大江南北、海内外,成为世界经典民歌之一,但很少说明这就是所属湖

---

① 柏贵喜:《转型与发展——当代土家族社会文化变迁研究》,民族出版社2001年版,第175、191、192页。

北省利川土家族民歌专有权。从经济利益方面来说，这是湖北省利川土家族人民集体智慧的结晶，但却没有得到任何相关收益。

二　不正当使用土家族传统知识引起的经济利益失衡

目前，少数外出打工的土家族人和不法商家已经利用土家族传统知识牟取了经济利益，而当地的土地家族人民却没有获得本该属于他们的利益。如土家族周边城市的许多饭店都让接待人员穿上土家民族传统服饰，招牌起用土家命名，用土家族传统特色菜系招揽生意。

针对这些方面的利益失衡现象，我们应该如何设立一种救济和补偿措施呢？这也是我们需要继续探讨的新问题。

第四节　土家族传统知识精神权利的贬损

除了保护土家族传统知识的经济因素之外，还具有非经济原因。对土家族传统知识缺乏应有的尊敬是土家族传统知识持有人面临的另一个挑战。这主要体现为以诸多不恰当的方式使用土家族传统知识。具体情况而言，主要指的是以下几个方面：

一　在不适当的场合和背景下使用土家族传统知识

土家族是一个古老而又传统的少数民族，由于民族本身的独特性，每一种文化艺术都凝聚着土家族人的生活传统、历史背景和特有的自然环境、传统习惯的表现方式，所以，土家族传统民族舞蹈和音乐的演绎就需要根据土家族传统习俗所设定的场合和背景下才能够自然进行。例如，土家族带有浓厚的宗教色彩的巫舞只能在人们举行丧葬、礼仪、为病者精神治疗时表演，如果你放在欢乐气氛的喜宴中表演是很不合适的。

倘若背离土家族传统知识的文化背景和传统习俗，将土家族人民带有神圣的敬畏色彩或忌讳内容的符号、名称、音乐、舞蹈、宗教仪式等随意使用，那便割断了土家族传统知识与土家族地区人文风情的必然联系，也是对土家族人民和生活在土家族区域人民的不尊重。

二 曲解、误读或篡改土家族传统知识

曲解或审改土家族传统知识，就不能够体现土家族传统知识的真实性与完整性。一些发达国家或国内文化传播媒体利用手中掌握的现代技术，为了提高市场价值效益，通过录音录像等方式记录，甚至是根据他们自己对土家族传统知识的理解和好恶随意或无意改造或者曲解土家族人民的传统文化内涵。在这种得不到基本尊敬的语境之下，正处于现代科学研究方式边缘的土家族传统知识，也就不可避免地受到轻视。

如中央电视台综艺频道（CCTV-3）在2009年10月8日至25日的"舞蹈世界·舞动中国"栏目中的第37、38期节目连续播出了"土家族舞蹈的欢乐"。而在这个节目中，对土家族传统民族文化的舞蹈——土家族原创摆手舞的舞蹈内容进行了误读与曲解，导致这个节目把土家族传统民族文化艺术演绎得面目全非，完全失去了土家族文化的本原性。为了旗帜鲜明地客观地纠正这个影响土家族传统知识良性传承与发展的重大错误，也为了让人更好地理解与诠释土家族传统民族文化的内涵，许多学者都对该节目内容的曲解与误读之处进行了客观而又公正的评论。陈廷亮教授对该节目演绎的摆手舞评论指出：例1，节目中两位"摆手舞老师"把摆手舞的"单摆""双摆"简单地理解为伸出一只手就是单摆，伸两只手就是双摆。其实，据文献记载所谓"单摆""双摆""回旋摆"，是跳摆手舞时根据不同的舞蹈语汇、动作和摆手锣鼓的不同节奏形成的不同动作形态；例2，有位舞蹈老师把摆手舞中的一个代表性舞蹈动作"软巴打几或戊打几"（水牛打架或黄牛打架）重新取名为"斗牛腿"，还教观众和主持人学着跳。其实，据土家族民间人文历史记录，摆手舞中的"软巴打几或戊打几"就是土家族人模仿牛打架的动作，属于"回旋摆"的一种；例3，"劳茨塔"（照太阳）的动作被专家们释为"螃蟹上树"，那个本来是"照太阳"的手形也被说成是"螃蟹的脚脚"。据人之常情来推

断,"螃蟹上树"的动作绝非摆手舞的动作,据常识而言,螃蟹乃水生动物种类,何时可以爬上树呢?

我们比照其他国家和地区的传统知识保护,诸如日本、我国台湾地区,其在法规制定中,均包括对这类疑义类项的辨析、质疑程序,且清楚指定相应裁决机构,并且确定该机构中传统知识或文化财(日本)、智(智慧创造)权益所有人、所有群体在结构中的参与、权限。这样的办法在我国相应法律及地方法规中缺少相应规定。

土家族传统民族文化拥有着土家族特有的民族气息和艺术底蕴,与众不同的文化也是区别于其他国家和民族的重要标志之一。同时也是出于对文化多样性理论的维护和考虑,我们必须以特别知识产权来保护土家族传统知识的原创性、真实性、完整性。

本章小结

每一个少数民族都有自身独特性,各民族传统文化的传承与发展都推动着人类历史的进步。作为土家族人来说,土家族非物质文化遗产是这个族群的生命之根,对其有效保护、传承与发展应当成为一种文化自觉和习惯意识。随着当代经济高速发展,人们的生活水平与生活方式发生了巨大的改变,但思想境界却伴随物质享受的心态而冷落了精神的归宿。

主观方面,土家族非物质文化遗产因一些现代潮流的时尚性元素冲击了本身的民族传统性,土家族人的思想日益开放,易接受一切新鲜事物而忽略本民族色彩;客观方面,国家在加大力度发展少数民族地区经济的同时,政府部门无意识或人为破坏了土家族特有的自然生态平衡与文物古迹,使得土家族非物质文化遗产逐渐消失。在经济利益方面,土家族非物质文化遗产虽是由土家族人集体创造的智力成果,在开发与利用过程中,本意是为了国力增强、少数民族地区经济创收,但分配政策机制不健全导致出现分配不均的事实发生,土家族人该拿的份额没有给付、该获得的经济权利也无法保障。在精神权利方面,土家族非物质文化遗产在有效传承与发展中也出现了运行失误，有意或无意地造成精神权利方面的践踏。

上述种种问题，表明了土家族非物质文化遗产正在人类社会历史发展变迁中日渐消失，这些不利因素也导致了土家族人正由积极地保护土家族非物质文化遗产的文化自觉转向被动消极保护的功利主义。

针对土家族非物质文化遗产保护与发展中所出现的问题，有必要思考如何解决现存问题，上述问题已经凸显了我国目前对土家族非物质文化遗产保护的缺陷，完善与健全现行保护政策与措施是解决问题之根本，主要从两个方面来考虑：

第一，行政保护方面。国家利用行政手段对土家族地区政府所进行的保护措施进行行政干预，利用政府力量来组织专门人员筹集资金搜集、整理、编纂土家族非物质文化遗产，归类放置在土家族博物馆收藏。对那些不具有商业价值的、需要传承人动态的口述和表演技艺作品，政府可以计划在土家族民族地区筹建一个土家族活态传承文化展示馆，让这些传承人进入展示馆工作，该馆以半营利形式对外供客人欣赏，既解决了民族地区的就业问题，又便于土家族非物质文化遗产有理有序的保护与传承。对于活态传承的土家族非物质文化遗产，如反映本土文化生态的地带和民族古建筑，政府部门可以进行旅游开发与设置原生态保护区。像土家族的吊脚楼，如今土家族人的居住水平提高，不可能再回到从前住简陋的吊脚楼，这也不符合社会发展的客观规律。地方政府部门只有通过制定旅游景区开发的政策，对其进行保护与传承。

第二，法律保护方面。土家族非物质文化遗产不比现代一般意义上的知识，有其独有的民族特性，很难在现行法律框架下寻求完全的保护。单行立法对土家族非物质文化遗产进行保护可以完善现行知识产权保护框架的立法不足。对土家族非物质文化遗产的概念、内容、特征等方面从法理上明确界定，并在现有法律保护框架下对不足之处进行完善立法规制，使所有的非物质文化遗产都能完全获得法律保护。

第四章

土家族传统知识的知识产权法律保护现状

土家族传统知识是"传统知识"的一个组成部分,原则上都是依据"传统知识"所拥有的知识产权保护范围内进行特别知识产权保护。接下来,我们将利用知识产权现有形式下保护传统知识的各种法律途径,逐一对土家族传统知识的知识产权法律保护现状进行具体探讨。

第一节 《著作权法》保护

一 《著作权法》对土家族传统知识保护的适用性

在现行法律框架中,进行土家族传统知识的特别知识产权保护,土家族传统知识理论上应当为知识产权的客体。众所周知,我国现行版权制度规定版权保护的客体是作品。那作品的具体内容是什么呢?土家族传统知识所包括的内容是否符合这个作品内容范围呢?是否能被归入《著作权法》保护的范畴呢?《中华人民共和国著作权法》(2001年修正案)第三条、第六条都对作品内容有类似规定,该法所称之作品,包括以下列形式创作的文学、艺术和自然科学、社会科学、工程技术等作品:(1)文字作品;(2)口述作品;(3)音乐、戏剧、曲艺、舞蹈、杂技艺术作品;(4)美术、建筑作品;(5)摄影作品;(6)电影作品和以类似摄制电影的方法创作的作品;(7)工程设计图、产品设计图、地图、示意图等图形作品和模型作品；（8）计算机软件；（9）法律、行政法规规定的其他作品。①

根据本书第一章对土家族传统知识的相关内容的详细论述和我国《著作权法》的相关规定，土家族传统知识中的大部分可以获得著作权保护。土家族的民间传统文艺，如民间传说、民间诗歌、谜语、民间故事、神话传说、童话、寓言等。以演唱或演奏为民间音乐艺术表现形式的有号子、土家族打溜子、山歌、锣鼓、小调、风俗歌、儿歌等民间音乐。以舞蹈及民间游戏的民间仪式表达形式的有傩戏、恩施灯戏、摆手舞、花灯舞、跳丧舞、梅嬗舞、连响舞、莲花闹、跳耍神、打土地等，还有带有原始色彩的巫舞等等。这些如已形成文字的作为文字作品受到保护；没有形成文字的则固定在纸或其他媒介上，而通过口头流传的民间文学作品，也可作为"口述作品"获得著作权法保护；民间音乐作品可以作为音乐作品得到保护；民间戏剧和舞蹈作品也是可以作为戏剧和舞蹈作品得到保护。传统手工技艺包括土家族织锦技艺、印染工艺、朗溪竹板桥造纸、玉屏箫笛制作工艺、恩施傩面制作工艺、凤凰纸扎等这些传统知识都可以作为美术作品或实用艺术作品得到保护；对于土家族传统医药学，如已出版的可以获得著作权（版权）保护，口头的可以作为"口述"作品进行著作权保护。

二 《著作权法》对土家族传统知识保护的局限性

通过以上《著作权法》对土家族传统知识保护的适用性分析，在客体形式上，属于著作权保护范畴的大部分土家族传统知识的表达是可获得著作权的保护。然而，在其权利主体、保护期限等重要问题上，《著作权法》对土家族传统知识的保护存在着一定的困难。在此，我们需要进一步分析与说明。

第一，在所涉及的权利主体问题上，我国现行版权制度规定版权

---

① 国务院法制办公室编：《中华人民共和国常用法典》，中国法制出版社2005年版，第2—44页。

保护的客体是作品,那么获得版权保护的主体就应当是创造作品的"作者"(Author)。根据《著作权法》主体保护要求,其最原始、最重要、最明确、最具体的主体是作者。通过第一章对土家族传统知识的概念和特征的具体阐述,我们知道土家族传统知识是土家族人民和生活在该区域人民在生产生存实践过程中共同创造的集体智慧结晶,而不是独自创造智力成果的个体。那么,任何一个土家族个人都可能是土家族传统知识创造的参与者。实在无法找到《著作权法》里规定的具体作者的作品不能获得《著作权法》的保护,因为根据《著作权法》规定,对所受保护的作品要求必须是该作品的作者本人独立、独自创造的智力成果,而土家族传统知识的主体具有集体性的特征。历史上,每一个土家族人和生活在土家族区域的人民都有可能是作品的创作者、持有者、传播者和传承者。那么这与《著作权法》所要求的独创性不同。虽然在发展中国家的强烈呼吁下,根据《伯尔尼公约》在1971年的巴黎文本中,民间文学艺术类的传统知识作品可以视为"无作者作品"(第15条第4款),但是符合该条款要求必须同时具备三个条件:不知作者姓名、未发表、确信作者属于伯尔尼联盟成员国居民。如果具备这三个条件,该国就应指定一个主管机构代表该作者并有权维护和行使在该联盟所有成员国内的权利。指定了主管机构的该联盟成员国,应将此事正式通知世界知识产权组织(管理伯尔尼公约的组织)的总干事,但是到1996年1月1日为止,印度是递交这类通知书的惟一的联盟成员国。[①]

第二,在《著作权法》保护的法律框架下,作品著作权的保护存在永远不可逾越的限制,那就是法定的保护期限。这个保护期限就是从作品创作完成之时开始到该作品作者死亡或作品发表后若干年后截止,保护期终止,这也是《著作权法保护》的基本原则。根据国际上制定的一些关于保护期限的规定来看,如《伯尔尼公约》第7条指

---

① [西班牙]德利娅·利普希克:《著作权与邻接权》,中国对外翻译出版公司、联合国教科文组织出版2000年第1版,第66页。

出，著作权提供的保护期限为：作者有生之年加死后50年。① 另外，还有国际上制定的《与贸易有关的知识产权协定》（Agreement on Trade— Related Aspects or Intellectual Property Rights，以下简称 TRIPS 协定）第12条对保护期限的规定，并未排除《伯尔尼公约》第7条，只是在基本承认《伯尔尼公约》以作者生卒年份计时的基础上，所作的必要补充。② 无论是国内还是国外的对保护期限的相关条约，无论对其延长多久，永远是有限的期限。土家族传统知识的有些作品历史源远流长，不断连续、缓慢创作过程，完成时间很不确定，有的可能已经超过著作权保护期限，如果将其列入永久性保护，那么这是与著作权保护基本原则相违背的。例如，对于已流传千百年的土家族传统文化、历史渊源等属于中华民族文化多样性的典范作品，如果适用《著作权法》保护的话，任何保护期限的限定都是不合理的，因此，对于构建土家族传统知识的知识产权保护特别权利制度是很有必要的。

第三，《著作权法》保护的对象不涉及思想方面，而土家族传统知识中的大部分传统知识都来源于土家族人民世代延续的民族传统思想，虽然土家族传统知识的存在是随着历史的变迁不断延续发展着的表达，但对它提供的保护不仅仅是保护表达的结果，还应包括表达的方法、技艺，因而仅作为表达结果的《著作权法》保护只是保护土家族传统知识一部分而已。

第四，土家族传统知识由于土家族民族特色决定了大部分传统知识都是通过口头世世代代传承而不具有固定化的表现形式。虽然可以把这类知识归入"口述"作品纳入《著作权法》保护对象范畴，但在现实保护过程中，还是存在着保护不确定性的问题和如何行使权利主体主张的困境。

通过上述分析，我们可以看出，在现行知识产权法律框架内，并非所有土家族传统知识的表达都能获得《著作权法》保护。能符合的

---

① 韩德培、万鄂湘：《中华人民共和国法库·国际法卷》（第二编），人民法院出版社2002年版，第10273页。

② 郑成思：《WTO知识产权协议逐条讲解》，中国方正出版社2001年版，第52页。

也仅仅是不违背《著作权法》保护的基本原则的一部分土家族传统知识。这时候我们必须注意到的是关于非物质文化遗产保护中"作品"和"作品的表达"——以联合国的非遗保护公约而言，其宗旨是对"文化多样性"的保护，而土家族文化、传统知识在很多方面的价值和意义恰恰是其"作品"的表达：如果简单地将其歌舞歌谣、神话文本作为保护项，势必弱化其保护功效，也割裂了土家族传统知识的完整性及连贯性——作为历史悠久古老的文化体系，其歌舞歌谣、神话、习俗所表达出的才是重中之重，而非可以完全文本、著作权所能涵盖的"作品"，这使得依托于著作权保护变得困难重重。

第二节 《专利法》保护

一 《专利法》对土家族传统知识保护的适用性

我们运用现有法律制度下的《专利法》保护适用于土家族传统知识保护。众所周知，现行的知识产权保护主要是应对于"现代知识"的保护。那么，基于所有的传统知识能否都可以在现行法律制度得以实施和保护呢？专利权要保护的对象主要是包括发明、实用新型和外观设计等在内的所有发明创造。根据现行的专利制度规定，是可以用来保护那些具备新颖性、创造性、实用性这些符合《专利法》保护的基本条件的技术方案（可以是产品也可以是方法）。对于土家族传统知识而言，专利权可授予土家族地区特有资源的利用和开发有关的方法，以及符合这些条件为土家族人民所知的方法，都可以作为专利权保护。比如：土家族传统农业、林业、渔业、畜牧业技术，土家族人民的传统生活物品的制作，传统手工技术、工艺的制作，土家族民间传统医药和医疗知识，与保护土家族地区生态环境和生物多样性有关的传统生态知识等方面的产品和方法，都可以应用《专利法》保护。

现行《专利法》保护土家族传统知识，是如何实施保护呢？应用了哪些应对措施进行保护呢？综合国内外各种计划、立法草案或理论与实践研究基础上，可以归纳为传统知识的"防御性保护（Defensive

Protection)"和传统知识的"积极性保护（positive protection）"两种办法。传统知识的"防御性保护"又称为传统知识的消极保护，它所指的是"以旨在防止传统意义上的管理者之外的人就传统知识获得知识产权为目的的保护方法"。[1] 传统知识的"积极性保护"是指可以在现有的知识产权体系内通过制度创新或改造来进行，也可以跳出现有的知识产权体系通过制度创新来进行，这主要是体现为建立专门针对传统知识的特别保护机制（sui-generis system）。[2]

二 《专利法》对土家族传统知识保护的局限性

尽管建立了一系列措施，现行专利权制度对土家族传统知识的保护力度却不大，效果甚微。事后补救的防御性保护措施根本不适用保护土家族传统知识，对于土家族这类弱势群体来说，高昂的成本使他们无暇顾及国内外不法人士违法申请专利权，产生诉求的愿望也不会很坚定，像这种保护措施意义也是不大的。虽然《专利法》从来不因为科技领域是否基于传统知识而歧视某种发明创造，只要符合专利权的基本条件并可付诸工业中加以应用，就应当有可能获得专利权。因此，从表面上看，对于各种各样种类的传统知识，如果它们涉及的是某种传统的产品或传统的方法，都具有专利性。但是，我们根据《专利法》要求的各项条件放入土家族传统知识这个范畴加以推敲，就不难发现，就是那些已经通过一定方式获得专利的土家族传统知识，实际上并不符合《专利法》要求的各项基本条件，所以，它们也很难获得专利法的保护；而那些即使已经符合《专利法》保护的各项条件的土家族传统知识，申请专利保护并不一定就是最合适的保护方式。

---

[1] WIPO, defensive protection measures relating to intelledtual property, genetic resources and traditional knowledge; AN Update, a Document Prepared by the Secretariat for sixth Session of the WIPO - IGC, December 15, 2003, WIPO/GRTKF/IC/6/8.

[2] 丁丽瑛：《传统知识保护的权利设计与制度构建：以知识产权为中心》，法律出版社2009年版，第173页。

事实上，土家族传统知识适用《专利法》保护是有一定的困难的。根据《专利法》所保护的对象有发明、实用新型和外观设计等在内的所有发明创造。土家族传统知识是土家族人通过口头、行为、动作等方式一代传承一代，历史源远流长，根本谈不上是发明，只是有涉及实用新型和外观设计这两方面适用对象。根据《专利法》保护基本要求，实用新型和外观设计有"新颖性"的要求，"新颖性"是指发明创造与现有的技术相比的前所未有性。在这里所要求的"新颖性"是指在对这项技术申请专利之前所设计的外观样本并没有在国内外任何刊物上公开发表或声明过相类似的外观设计样本。而土家族传统知识是土家族人民和生活在该区域人民在生产生存实践过程中共同创造的集体智慧结晶，是属于集体公有的，而不是个体独自创造智力的成果，它在土家族地区是公开的不存在任何秘密性可言，那么也就没有在公开刊物发表的可能性了。同时，《专利法》保护也有规定的保护期限，专利权要在法定的期限内才会有效，如果超过了这个期限，专利权消灭之后，就是属于全人类的共同财产，纳入财产公共领域区，人人都可以使用。根据《专利法》规定，专利权的使用期限是从申请专利日开始计算，根据《专利权法》所规定的发明创造是20年的期限，那么在实用新型和外观设计这些方面的技术，《专利法》规定期限则减半。而土家族传统知识的流传与传承具有无限连续发展性，因此，这个《专利法》保护的法定期限也不适合土家族传统知识的保护、传承与发展。

土家族诸多传统知识连贯性使然，其传承脉络清晰，在专利保护方面或有优势。但是，这其中的多有权问题、公权力和私权的界定问题，势必成为一个难题。在我们考虑到专利权保护的时候，必须清楚这种保护的适当性，即公权力及共享权的权衡协调问题，不然就会影响土家族人对其传统知识的再创造发展的动力，进而也就背离了对其传统知识保护的初衷。

第三节 《商标法》保护

一 《商标法》对土家族传统知识保护的适用性

运用《商标法》来保护土家族传统知识，与《专利法》《著作权法》对比，在其适用空间方面更为广泛，所遇到的局限性也是较小的。《商标法》所保护的对象是已注册的商标。《商标法》第八条规定："任何能够将自然人、法人或者其他组织的商品与他人的商品区别开来的可视性标志，包括文字、图形、字母、数字、三维标志和颜色组合，以及上述要素的组合，均可以作为商标申请注册。"下面我们将对商标权保护运用于土家族传统知识的适用性，作进一步的论述：

第一，商标要素符合文化多样理论，其具有多样性，其中土家族传统知识的代表性要素就属于这个范畴。《商标法》第八条规定："传统标记或技术性传统知识和民间文艺相关的具有代表性或标志性的名称（含简称）、代表作、发源地、词汇、图案、符号、保有社区或群体名称（含简称）、文化称谓等等可视性的传统知识代表性要素，与商标的构成要素契合，符合商标使用和注册的要素条件，那么它也就具备了注册商标的基本条件。"由于土家族传统知识是土家族这个独特的地理环境、自然生存生态条件、人文习俗、传统文化习惯、宗教信仰的影响自然而然形成的，与商标注册的显著性要求是相符合的。那么土家族传统知识代表性要素是可以充分发挥商标应有的功能，为市场经济创造商业价值。

第二，土家族的传统知识历史源远流长，不断连续、缓慢创作而不断创新、连续发展着，期限是无限的。商标专有权的相对永久性是很适合保护土家族传统知识。著作权和专利权保护期限届满之后，所有保护的知识就进入"公共领域"区。而《商标法》规定注册商标有效期届满之后如需要继续使用该商标，可以依法继续为此续展，而且是不限制续展次数的，这就有利于土家族传统知识的可持续保护与发展。

第三,《商标法》保护规定,权利人可以注册集体商标、证明商标、一般的商品商标或服务商标等,土家族传统知识是土家族人民和生活在该区域人民在生产生存实践过程中共同创造的集体智慧结晶,而不是创造智力成果的个体,那么,商标权就归土家族人民集体所有。由于土家族传统知识权利利益归属上的集体性以及它的地域性特征,将其纳入《商标法》保护就可以运用集体商标。这样可以防止土家族以外的人员不正当使用集体商标获得不法利益,也可以使土家族人的精神权利不受到损害。

二 《商标法》对土家族传统知识保护的局限性

虽然运用《商标法》可以有效地保护土家族传统知识,现行《商标法》在土家族传统知识保护领域发挥的作用还是有一定局限性的,也不适用于所有类型的土家族传统知识的保护。

首先,根据我国《商标法》第十条的规定:"传统知识要素中的'带有民族歧视性的'和'有害于社会主义道德风尚或其他不良影响的'是不得作为商标使用的标志。"虽然有这一法律规定,但条文过粗。在进行商标注册审查过程中,谁先取得在先合法权和对其理解与掌握,谁就拥有商标权。《商标法》第九条要求的"显著性"特征很难确定与推导;[①] 而《商标法》第十一条规定:"不具有显著性特征的标志是不能注册商标的。"[②] 传统知识代表性要素具有多样的广泛性,就不能确定土家族传统知识代表性要素是否具有显著性这一特征。

其次,商标注册审查过程中,限定民族称谓是不能作为商标注册的,土家族是一个拥有着独特群族的传统特色文化、技艺的民族,这些代表土家族特色的称谓和内容无法得到应有的保护。

再次,《商标法》保护的对象也只是关于土家族传统知识表面的一些标志或标记等这些外在要素,那么,通过《商标法》保护仅仅体

[①] 《商标法》第9条。
[②] 《商标法》第11条第9款。

现的是土家族传统知识外在要素的商业价值，而不能完全包括其内在的文化内涵价值。

最后，有些土家族传统知识不能满足注册商标的要求，诸如土家族的民歌、民间舞蹈、游戏等都不适合《商标法》的保护，注册商标必须具有特定的商品或服务，即使注册了商标，经过一个时期之后，没有运行于经济活动领域，产生不了商业价值，最终会被撤销。同时，土家族传统知识由于其历史特性和种族独特性，其商标权是绝对不允许转让的，那么，这本身也不适合商标权的转让制度。

第四节　地理标志保护

一　地理标志对土家族传统知识保护的适用性

我们都知道，商标和地理标志都能够阻止被保护的标志或标记的蓄意虚假使用。根据土家族传统知识的相关特征，土家族的农产品、传统手工制作工艺品等其他产品的特征是与土家族地区的地理条件、人文传统、工艺制作传承等特殊的自然地理因素或人文因素紧密联系在一起的。因此，虽然每个地方出产的产品是一样的，但由于原产地特色不同，产品本身的品质和特色也就各不相同。通过目前的国内外的理论研究和实践经验分析说明，地理标志保护是《商标法》之下的对土家族传统知识进行积极性保护的有效和成功的保护方式之一。

首先，使用地理标志来保护土家族传统知识，具备了《商标法》保护其知识的两大优点。第一，地理标志保护的保护期具有相对永久性，可以通过续展而无限延长期限。权利人有权决定续展性，但地理标志在时间上区别于《商标法》保护期限的是，它是随着一个地区和一个民族的消失而消失，就像土家族地区，它消失了，地理标志也就不存在了，那么也就无法对其进行续展了。第二，土家族传统知识的权利人可以注册集体商标，这样地理标志权就可以为土家族人民集体所有，这是与土家族传统知识的集体性特征保持一致的。

其次，使用地理标志保护可以特别标识土家族民族地区的传统知识和其相关产品,它本身所具有土家族民族地区的地域性和传统性两方面的特性,明显地显示出该地区产品和其他土家族传统知识的显著性。正常情况下,地理标志不可转让,也不可能许可那些不符合条件的其他人使用。因为地理标志权利人具有集体性,是不能自由地从一个所有者转让给另一个所有者,只要能维持就要永远维持下去,除非土家族在这个地区消亡。通过这一理论化分析,笔者认为,地理标志保护特别适合土家族这个少数民族地区使用。

最后,地理标志保护与土家族传统知识保护具有内在不可分割性。那么,何为"地理标志"呢?不可分割性又表现在哪些方面呢?地理标志是一种说明某商品产地的地理名称,根据我国《商标法》第十六条第二款规定:"前款所称的地理标志是指标示某商品来源于某地区,该商品的特定质量、信誉或者其他特征主要由该地区的自然因素或人文因素所决定的标志。"《原产地标志管理规定》第四条规定:"地理标志则是指一个国家、地区或特定地方的地理名称,用于指示一项产品来源于该地,且该产品的质量特征完全或主要取决于该地区的地理环境、自然条件、人文背景等因素。"针对土家族地区传统知识来分析,从地理标志的基本概念就可以看出,地理标志不仅表明了该商品的原产地,而且更有可能代表了一种独特的土家族地区的传统文化和土家族人民的精神追求,这是《商标法》所保护的其他标志所无法或难以代替的。在经济领域活动中,消费者可以通过地理标志知道商品来源地,商品的质量、信誉、特定的品质或其他特点与地理标志密不可分,离开地理标志的商品将不再可能获得原有的全部声誉,广告效益将失去作用,商品也不再具有先前的市场商业价值。此外,特定的地理标志还可以为土家族地区商品的商标和品牌效益提供了一定地缘意义上的传统文化支撑。因此,无论是地理标志,还是土家族传统知识都具有强烈群体性和地域性特征,这一切都是由自然因素和人文因素共同努力与作用的结果。

二 地理标志对土家族传统知识保护的局限性

尽管地理标志被认为是对土家族传统知识最有利的保护方式之一，目前，我国也建立比较完善的地理标志保护制度，直接运用于保护土家族传统知识，但由于现行地理标志保护制度处于建立之初，或多或少地存在一些问题，这使得地理标志保护未能在土家族传统知识保护上充分地发挥作用。主要表现在以下四个方面：

第一，根据《商标法》意义上的地理标志保护，其适用范围具有一定的局限性。《商标法》第八条第二款规定："县级以上行政区划分的地名或公众知晓的外国地名，不得作为商标，但是，地名具有其他含义的除外，已经使用地名注册的商标继续有效。"那么，它仅适用于特定领域的产品，使其存在一定的局限性。

第二，地理标志保护适用对象比较狭窄，仅适用于这个特定领域的种植、养殖及按特定工艺生产和加工的一系列产品，然后将其纳入商标注册范围内管理，使其拥有商标专有权保护。

第三，我国目前没有对地理标志保护实施专门独立立法，其主要受《商标法》地理标志保护，而且这两个保护体系之间相互交叉，在具体操作中还是会出现一些问题。

第四，由于地理标志具有明显的"地域性"特征，地理标志保护只适用于地理名称，地理标志的产品也是以地理名称命名的产品，因此，地理标志保护不能适合所有土家族传统知识相关代表要素。

第五节 《反不正当竞争法》保护

在知识产权保护中，我国目前已经实施了《著作权法》《专利法》《商标法》《反不正当竞争法》等单行法。《反不正当竞争法》对于《著作权法》《专利法》《商标法》管不到的领域，在适用方面起到一定补充性作用。《反不正当竞争法》在保护传统知识方面的适用条件为：必须是发生商业交易或者是形成商业竞争关系为前提的两个必要条件。我们知道，土家族传统知识包括具有商业价值、潜在未开发的商业价值、不具有商业价值等。根据《反不正当竞争法》适用条件可知，不可能保护所有的土家族传统知识。我们将对《反不正当竞争法》在土家族传统知识保护上的适用性和局限性进行以下理论说明：

一 《反不正当竞争法》对于土家族传统知识保护的适用性

通过《反不正当竞争法》来制止经营者采用不正当手段从事商业交易，损害竞争对手的合法权益。根据《反不正当竞争法》第五条规定"经营者不得采用不正当手段从事市场交易，损害竞争对手"。《反不正当竞争法》对土家族传统知识的独特性和声誉做出"反伪"保护，主要是做出与土家族传统知识来源相关的虚假表示，对土家族传统知识相关知名商品或服务的特有商业外观的保护。

二 《反不正当竞争法》对于土家族传统知识保护的局限性

根据我国《反不正当竞争法》第五条第四项规定，"经营者不得从事的行为包括：在商品上伪造或者冒用认证标志、名优标志等质量标志，伪造产地，对商品质量做出引导人错误理解的虚假表示。"这个规定旨在规范市场的竞争行为，保护合法的公平竞争，并没有正面赋予土家族传统知识持有人的某种专有权，只能间接地保护其持有人的利益。由此说明，《反不正当竞争法》只能保护土家族传统知识的商业声誉，而不能充分保护土家族传统知识本身，在适用范围上存在一定局限性。

第六节　商业秘密保护

一 商业秘密保护对土家族传统知识保护的适用性

运用商业秘密保护土家族传统知识，也是被普遍认可的一种在现行知识产权下对其进行保护的有效方式之一。在《反不正当竞争法》中规定"对未公开的信息进行保护"，那么这个未公开的信息指的就是商业秘密。根据《TRIPS》协议中规定："如果具备了秘密性、实用性、经济价值性这三个特征，即符合商业秘密的不为公众所知晓、一定是由于其保密性而才具有商业价值、权利人已采取了合理的保密措施这三个构成条件。"那么合法控制该信息的权利人就可以自动获得商业秘密保护。

针对商业秘密保护对象可知，运用商业秘密保护土家族传统知识，主要是保护技术性传统知识这一范围内容。根据《反不正当竞争法》和《TRIPS》协议规定要求，商业秘密所保护的土家族传统知识，必须满足价值性，即"能为该知识的持有人或权利人带来经济利益和具有实用性效果"。例如具有技术和经济利益的土家族地区所拥有的传统秘密，像一些土家传统药方和手工制造工艺、技艺等等。而这些知识也是可以运用《专利法》保护制度，但专利保护限制太多，很难实施。相对于商业秘密保护而言，其保护期不受限制、没有《专利法》的"新颖性、创造性、实用性"的要求，技术方案对外具有秘密性无须公开，也不需要经过公权力机构的指定授权等要求，因而符合上述条件的土家族传统知识就能够在商业秘密保护框架下获得长期、方便、低成本、有效的保护。

二 商业秘密保护对土家族传统知识保护的局限性

正如我们通过多方面反复论述的，阐明土家族传统知识是土家族人民和生活在该区域人民在生产生存实践过程中共同创造的集体智慧结晶，而不是独自创造智力成果的个体，具有集体性。因而对于土家族地区传统居民而言，大部分土家族传统知识经过世世代代千百年来的广泛流传和发展，早在土家族地区公开已是一个不争的事实，这已成为土家族区域人民公知公用的知识。那些由土家族个人或某个家族成员掌握的祖传秘方是少之又少，而这些被保存的处于秘密状态的各种秘传和具有宗教色彩的巫术大多不具有商业化可能，所以部分土家族传统知识很难达到商业秘密保护的要求，存在一定的局限性。

本章小结

现有的知识产权法律框架下的各种单行法和权利保护确实能够在保护土家族传统知识方面起到一定的作用,但在具体实施过程中,总会出现知识产权保护与土家族传统知识本身的冲突,而且现有的知识产权法律体系根本无法消除其与特殊的土家族传统知识之间的矛盾焦点,总有一些客观事实存在的局限性因素阻碍着现行知识产权保护土家族传统知识的如所期许的那样理想运行。因此,为了更有效地完全保存土家族传统知识,保护其相应传统知识的良性发展,有必要对现有的知识产权法律体系进行深入思考及做出稳妥的创新。在不影响现有知识产权法律法理及其体系正常运行下,对土家族传统知识设计一种独特的、合适的能完全保护土家族传统知识的知识产权保护制度——土家族传统知识的特别知识产权保护权利制度。

反思现行的知识产权法律保护体系主要保护的是与非物质文化遗产相对而言的现代意义的科技知识,用现行法律体系不能妥善地完全保护土家族非物质文化遗产的良性传承与发展,而基于法理,不违弃立法精神,维护了国家大多数人的利益,通过全民族的文化自觉进而践行"文化自信"的国家战略方针,完善与创新知识产权法律体系才是良策,即在不影响现有知识产权法律体系正常运行下,对土家族传统知识的独特性、重要性给予更多考虑,设计一种独特的、合适的能尽可能完全地保护土家族非物质文化遗产的知识产权保护制度——土家族非物质文化遗产的特别知识产权保护制度。

在现阶段,依托《中华人民共和国非物质文化遗产法》,地方政府制定一些非遗保护的地方法规,不失为一个好办法。在相对小的区域范围内,结合本地情况,以法律形式规范化系统化推进文化知识产权的保护,其可行性更具条件。比如湖北长阳县,对土家族文化遗产的立法保护就很有代表性,湖北长阳土家族自治县在文化遗产发掘、保护、推广等方面取得很好的效果,被誉为"长阳模式"。其地方法规的制定，使得对土家族文化知识的保护有了切定的依据。根据其法条我们看出，其法规制定的优异之处就在于明晰了地方政府在文化保护上的责任和主体地位。在头绪繁缛的文化保护过程中，地方政府主导作用及其对民众的宣传引导作用是不可或缺的。只有地方政府在法规的框架下执行相应的保护措施，包括限定一些可能偏颇的急功近利的、过分侧重于其经济开发利用的短期行为，才能有效引导社会团体、各界人士对文化知识产权的重视。长阳县的保护法规使得文化遗产保护可以稳定持久地运行，比如他们对非物质文化遗产传承人的保护，与高校合作、田野调查及理论研究的结合，知识产权保护与开发利用之间的协调等诸多方面都取得很好的成就，而这些都和地方法规的制定及执行分不开。这样的地方法规的制定，可以体现文化知识保护不再是经济发展的附庸，而成为经济发展的目的所在。也就是说，急功近利，一切围绕着经济发展的文化保护是不可行的，只能对文化形成一种破坏。也正是因为如此，地方法规的制定，因其地域局限性，倒是可具有针对性地规范传统知识的保存、保护。且法律法规的制定参与者，因其更能理解认识本民族的传统文化，且对其抱有深厚感情，在法规制定中更能缜密考虑得失，更利于其权衡各种做法的利弊。并且于法律条款下制定政策，能长期稳定地协调好文化知识产权保护与开发利用的关系，尽可能减少杀鸡取卵的短视行为。这一点，在《中华人民共和国非物质文化遗产法》中同样是有着明晰的主旨。

第五章

土家族传统知识的特别知识产权保护的正当性

对土家族传统知识的特别知识产权保护的正当性研究分析，必须从最基本概念开始探讨。那么，何为"正当性"呢？它是指"判断某个具体事物性质的客观评价与合理合法的思想信念，以及自身行为受之于这一客观评价与合理合法信念驱使的可能性"。土家族传统知识的特别知识产权保护的正当性问题也是在知识产权法哲学的范畴内，围绕包括知识产权在内的财产权的正当性问题，在实践中，大部分土家族传统知识已被纳入到现有的知识产权制度保护中，其正当性与知识产权的正当性保持一致。本书探讨的核心在于土家族传统知识的特别知识产权保护权利制度构建。因为目前也不是所有全部的土家族传统知识都可以利用现行的一般的知识产权保护制度来保护权益。那么，在考虑设计新的制度时，实际上已经认可了土家族传统知识的特别知识产权的正当性在前。因此，对土家族传统知识产权保护的新的制度设计必须从正当性入手，这一做法不仅有助于从更广泛的视角来审视土家族传统知识的知识产权保护的正当性，更重要的是，土家族传统知识的特别知识产权的正当性与土家族传统知识的特别知识产权保护制度构建之间存在着密切联系，对其正当性认识，直接影响到土家族传统知识的特别知识产权保护制度构建的具体实施形式和内容。所以，对土家族传统知识的特别知识产权保护的正当性的理论论证，实际上也就是为构建土家族传统知识的特别知识产权保护权利制度提供必要的理论依据。

第一节 自然权利理论

一 洛克的自然权利理论

在所有现代自然权利理论的导师中，最为著名和影响最大的就是17世纪英国的约翰·洛克。[①] 洛克还兼具英国资产阶级哲学家和政治法律思想家的身份，是自由主义的奠基人和古典自然法学家派最早的代表之一。如今全世界通用的自然权利的概念一直是洛克的自然权利概念。

什么叫做自然权利呢？自然权利是指人与生俱来的一切最基本的权利。洛克提出的人所拥有的自然权利包括生存的权利、享有自由的权利、人人生而平等的权利和财产的权利这四个方面的内容。

1. 洛克的生存权

洛克的自然权利理论说："人类从一出生那一刻起就享有了生存权利，这一自我保存的与生俱来的自然权利"，"每一个人对他自己的人身享有一种所有权，除他以外任何人都没有这种权利"[②]；"每一个人对其天然的自由所享有的平等权利，不受制于其他任何人的意志或权威"[③]；"每一个人的儿女天生和他自己乃至他的任何祖先一样地自由，当他们处于这种状态时，他们就可以选择自己愿意加入社会、愿意隶属的国家"[④]；当地球造人，亚当、夏娃诞生那一刻起，人就有了最自然的权利——生存权，这是人类最首要的权利。这其中，生存权的概念很多时候被简单视同生命权——事实上于洛克的本意及世界主流认知而言，生命权只是生存权的一个组成部分，这是内涵不同的两

---

① [美] 列奥·施特劳斯：《自然权利与历史》，生活·读书·新知三联书店2003年版，第168页。
② [英] 洛克：《政府论》（下篇），叶启芳、瞿菊农译，商务印书馆1964年版，第18—19页。
③ [英] 洛克：《政府论》（下篇），叶启芳、瞿菊农译，商务印书馆1964年版，第34页。
④ [英] 洛克：《政府论》（下篇），叶启芳、瞿菊农译，商务印书馆1964年版，第45页。

个概念。生存权不仅包含着生命权，还包括人的精神、文化及个体尊严等诸多方面。这一认定在我国的《民法通则》中亦得到支持，我国《民法通则》认定生存权是包含着自然人的生命权及安全权益为内容的人格权。

2. 洛克的自由权

洛克说："人们生来就享有完全自由的权利，并和世界上其他任何人或许多人平等，不受控制享受自然法的一切权力和利益，他就自然享有一种权利，不但可以保证他的所有物——他的生命、自由和财产——不受他人的损害和侵犯，而且可以就他认为其他人罪有应得的违法行为加以裁判和处罚，甚至在他认为罪行严重，需要处以死刑"[1]；"既然一切人自然都是自由的，除他自己同意以外，无论什么事情都不能使他受制于任何世俗的权力"[2]；"人类天生都是自由、平等和独立的，如不得本人的同意，不能把任何人置于这种状态之外，使受制于另一个人的政治权力"[3]；"每个人生来就有双重的权利：第一，他的人身自由的权利，别人没有权力加以支配，只能由他自己自由处理；第二，首先是和他的弟兄继承他的父亲的财物的权利"[4]；"他们的人身基于自然的权利是自由的，他们所有的财产无论多少，是他们自己的，并且由他们自己处理，而不是听凭征服者处理"[5]。

3. 洛克的平等权

洛克的自然权利理论里，关于对自然状态的平等权论述是怎样呢？人人是生而平等的，所拥有的一切权利也是平等的。笔者认为，在自然状态下，从人出生的那一刻起，人与人之间是相互平等的，没有高低贵贱之分，都充分拥有与生俱来的生命权、生存权、平等权。人人

---

[1] [英]洛克：《政府论》（下篇），叶启芳、瞿菊农译，商务印书馆1964年版，第53页。
[2] [英]洛克：《政府论》（下篇），叶启芳、瞿菊农译，商务印书馆1964年版，第74页。
[3] [英]洛克：《政府论》（下篇），叶启芳、瞿菊农译，商务印书馆1964年版，第95页。
[4] [英]洛克：《政府论》（下篇），叶启芳、瞿菊农译，商务印书馆1964年版，第116页。
[5] [英]洛克：《政府论》（下篇），叶启芳、瞿菊农译，商务印书馆1964年版，第118页。

都有权利捍卫自身的合法权益、神圣不可侵犯的权益，正因为有这个最基本的平等权，才会为一切与自身利益相关的生存与发展机会去竞争，拥有平等的竞争机会去实现自己人生的最伟大的追求，从来没有人愿意生来就受人支配，人从骨子里就有强烈的要求人人平等的欲望和信念。

4. 洛克的财产权

依据洛克的自然权利理论，自然权利中最重要的是财产权，它是生命权、自由权、平等权自然延伸的结果。洛克把财产权视为至关重要的自然权利的原因归结于以下几个方面的内容：

首先，洛克认为，人类从一出生那一刻起就享有了生存权利这一自我保存的与生俱来的自然权利。那么，人类就理所应当拥有在自然环境下劳动所获得的所有成果。就像洛克的财产权劳动论所说的"上帝将美好的天堂留给了自己，而将地上的一切万物都赋予了人类所共同拥有"。

其次，洛克说："每个人所拥有的人身权是属于自己的，个人的劳动也是属于自身的。"人的一切劳动所获得成果都是属于人自己的所有财产，任何人都没有权利拿走。

再次，洛克举例说明："谁把橡树下拾的橡实或树林的树上摘下的苹果果腹时，谁就确已把它们拨归己用。谁都不否认，食物是完全应该由他消受的。"[①] 也就是说，自然界的一切万物只要被人们改造和加工后，改变了自然界万物原来的模样，就理应成为了人们的私有财产，就像印上了一个烙印，任何人不能对其进行无理的占有。

复次，谁能在一件东西败坏前尽量享用它来供生活所需，谁就可以在那个限度内以他的劳动在这件东西上确定他的财产权；超过这个限度就不是他的分内所得，就归他人所有。[②]

最后，自然状态下，人们用多少就可以获得多少财产权，只要这

[①] ［英］洛克：《政府论》（下篇），叶启芳、瞿菊农译，商务印书馆1964年版，第19页。
[②] ［英］洛克：《政府论》（下篇），叶启芳、瞿菊农译，商务印书馆1964年版，第21页。

个东西没有在他的手里毫无用处地坏掉，就不会糟蹋人们共有的东西，也不会毁坏属于别人的东西的最初原始状态，也就是说不要造成浪费为前提条件。

二 自然权利理论与知识产权的契合

由于洛克所处的时代还不具有现代意义上知识产权法律制度和完整的知识产权体系，那么是不可能运用洛克的自然权利理论来对现代意义上的知识产权问题进行分析，只是运用自然权利理论论证了人们与生俱来所拥有的合法权利。洛克的自然权利理论最多关注的是有形财产，这与现代知识产权法律体系形成强有力的契合，并作为知识产权制度研究的一个理论基点。正如洛克自然权利理论所说的，如果一个人在人们共有的东西的最原始状态下赋予了其劳动，创造了一个新的东西，那么对其就拥有了财产权。这就解释了在知识产权保护的正当性方面是运用了洛克的自然权利理论作为理论基点的事实。

三 对土家族传统知识的特别知识产权保护正当性的理论贡献及局限

洛克的自然权利理论在一定程度上能对土家族传统知识的特别知识产权保护的正当性进行合理的解释：

第一，人与生俱来的生存权。"每人对他自己的人身享有一种所有权，除他以外任何人都没有这种权利"。[①] 也就是说，每个人都拥有自身的所有权，那么也自然包括人们的思想行为和智慧创造力。对于土家族传统知识来说，它是土家族人民经过祖祖辈辈世代几千年的历史文化和历经顽强的生存实践而不断积累下来的民间智慧的结晶，同时它也是土家族人的体力劳动和智力劳动完美结合的产物。

第二，正如洛克自然权利理论所说的，如果一个人在人们共有的东西的最原始的状态下赋予了其劳动，创造了一个新的东西，那么对

---

① ［英］洛克：《政府论》（下篇），叶启芳、瞿菊农译，商务印书馆1964年版，第18—19页。

其就拥有了财产权。也就是说正因为有了劳动才拥有了财产权的最初资格。土家族传统知识是土家族人的劳动智力成果，那么洛克的自然权利理论也可以扩展运用到智力成果领域。

第三，洛克的自然权利理论认为，人们因为劳动而获得财产权时，要把足够同样好的、同样多的东西给其他人留下而不要造成浪费为前提条件，而我们对于土家族传统知识的特别知识产权保护权利制度的构建设计是可以满足洛克的自然权利理论的前提条件的，通过对土家族传统知识特别保护制度的权利客体、权利主体的认定和限制、权利内容的设计以及权利限制的规范来协调土家族人与社会公众的利益，有效维护土家族传统知识的经济利益平衡与精神权利的权利主张。

第四，事实上，土家族传统知识的特别知识产权是与生俱来的自然权利，与洛克的自然权利有着天然的联系。也就是说，土家族传统知识是一种因为土家族这个少数民族集体创造的智力成果和不断传承的劳动成果，土家族人理应对其特有的劳动成果获得一种与生俱来的自然权利。

然而，洛克的自然权利理论在对土家族传统知识的特别知识产权保护正当性方面的解释也具有一定的局限性：

第一，由于受到时代背景的限制，洛克的自然权利理论并不是单纯的法哲学分析理论，更多的是一种对抗封建社会专制的有效手段，充满了浓厚的政治色彩。洛克的《政府论》认为："自然状态下的人们根据自然法就拥有自然的财产权，这种财产权也是不可剥夺的，政府以及法律的一个重要的目的就是保护个人的财产权。"[1] 在这样的情况下，很难用洛克的自然权利理论来解释土家族传统知识的特别知识产权保护的法定所有权这样的问题。

第二，洛克的自然权利理论过多地渲染利用政府权力来保护个人私有财产神圣不可侵犯的原则，而土家族传统知识的特别知识产权保护既要体现私权利益神圣不可侵犯的原则，还要合理平衡社会公共领

---

[1] ［英］洛克：《政府论》（下篇）叶启芳、瞿菊农/译，商务印书馆1964年版，第21页。

第三，由于洛克的自然权利理论产生于 17 世纪，理论产生于萌芽状态，知识产权体系保护意识很模糊，因此该理论很抽象，只是说明了人与生俱来的自然权利理论框架，过分美化了政府可以保护一切个人私有财产神圣不可侵犯原则，而面对现代意义上的知识产权保护的正当性，洛克的自然权利理论有一定的缺陷。

综上所述，对于土家族传统知识的特别知识产权保护的正当性来说，洛克的自然权利理论既不是唯一的理论，也不是主要的理论，而只是作为其中的一条为其正当性适用的理论依据而已。

第二节　健康权和发展权理论

一　健康权与土家族传统知识的特别知识产权保护

由于发展中国家的经济落后，有些国家的人民还处在水深火热的战乱中，过着衣食无着的生活，没有任何经济来源，生病无医，只能靠救济。另外，很多药品都被持有人申请了专利权保护，从而使药品价格很高。这对于全世界特别是在发展中国家和希望和平的国家实现健康权，面临着严峻的考验。

作为土家族传统知识的组成部分，土家族传统医药知识的开发、保护和商业化利用，对于有效维护少数民族的健康权具有现实的意义。土家族传统医药大部分是土方土草药，对于疑难杂症和重大慢性疾病具有独特的疗效，另外土草药的成本低廉，价格比市场新潮药品低许多，很受发展中国家、不发达国家和少数民族地区人民的青睐，具有潜在的商业市场价值。但在对土家族传统医药知识的开发过程中，出现该知识的持有人和使用人之间的经济利益失衡现象，精神权利也没有得到充分的主张。那么只有合理平衡这些不足，才能充分调动起土家族传统知识的权利人对土家族传统药品开发与创新的积极性，才能生产出更多物美价廉的土家族传统土医药，使健康权能够得到充分的实现与维护。

二 发展权与土家族传统知识的特别知识产权保护

第三世界的发展中国家，特别是中国这个人口多、底子薄的最大发展中国家在为人民的温饱问题付出努力，大力发展经济，促进国民素质的整体提高，缩小与第一、第二世界的中等发达国家的现实差距，高度重视少数民族地区的发展。那么，发展权在发展中国家显得尤为重要。土家族传统知识的特别知识产权保护是实现发展权的重要途径之一，土家族传统知识可以为中国人民和土家族人民创造巨大的经济财富。

如土家族传统知识中的土家族医药知识、特有的历史遗迹、天然旅游资源、土家族传统制作工艺等都已成为了土家族地区经济发展的新增长点。另外，土家族传统知识中诸如表演、服装、出版、工艺和设计等也是少数民族文化产业产生灵感和启发创造性的最初源头。对土家族传统知识进行特别知识产权保护，可以有效地利用传统知识的独特资源强项，发挥在国际和国内市场上的竞争优势，与发达国家的先进技术与文化话语霸权抗衡，防止西方国家的文化侵蚀与同化。有效保护土家族传统知识的发展，可以加速社会经济的发展，促进全人类的全面发展，实现和维护好发展权是加速我国社会经济和土家族经济发展的最根本的保证。

第三节 文化多样性理论

土家族传统知识是土家族特有的传统特色文化的象征，是文化多样性的重要组成部分。现在西方国家都在搞所谓的文化全球一体化，不断地同化、消除、吞食着亚非拉国家的鲜明的独特民族文化风格和源远流长的历史传统，使全世界人民的文化多样性理论陷入文化危机。土家族传统知识包含着土家族的民风、民俗、风情、人文、地理文化等传统文化，维护土家族传统知识的文化多样性对我国文化多样性的文化传承、进化与发展起着推波助澜的重大作用。对土家族传统知识的特别知识产权保护，必将促进全球文化多样性的发展与腾飞，使多样性的文化得到多元化和多样化的选择，使其价值体系得到充分的体现，从而更全面地造就人类，并为人类造福。

一　文化多样性的内涵

文化多样性在《公约》中所指的是"各群体和社会借以表现其文化的多种不同形式，强调的是文化的不同的外在表现形式"。[①] 笔者认为，每一种文化都有其独特性和唯一性，每种文化之间都有差异性和异质性。每种文化性质上的不同而造就了全世界多姿多彩的多样性文化。由于每一种文化都有其独特性、个体偏好性，每一种文化之间都存在着差异性和异质性，所以，这些特别点才使得文化多样性存在着不可估量的价值，这些都是必须受到鼓励、保护与发展的珍贵财富。

同时，文化多样性的内涵也体现在尊重各民族文化之间的差异和对文化多样性的理性宽容这两个层面。

首先，尊重各民族文化之间的差异，就是要承认不同民族文化之间差异性的存在，不排斥、不抵触、不消除这种差异，客观地去看待事物的发展变化及各民族文化差异之间出现的问题，维持一种搁置差异、共谋发展的良性关系。各民族文化在保存自身的传统文化精神的前提条件下，吸收和借鉴不同文化的优质新鲜元素来实现各民族自身文化的进化与文化发展创新。

其次，对文化多样性的理性宽容。宽容是指"一个人虽然具有必要的权力和知识，但是对自己不赞成的行为也不进行阻止、妨碍或干涉的审慎选择"。[②] 尊重他人的道德信仰、文化传统和生活习俗，我们每个人都是一个自由的个体，以及与生俱来的一切自然权利，我们有权利选择自己的道德信仰和理解人生意义的能力，每个人的精神权利要受到平等对待与尊重。对于文化多样性的理性宽容，我们应当理解

[①] 司马俊莲：《中国少数民族文化权利的法理依据新论》，《法学评论》2010 年第 6 期。
[②] ［英］戴维·米勒、韦农·波格丹诺：《布莱克维尔政治学百科全书》，邓正来译，中国政法大学出版社 1992 年版，第 766 页。

为，虽然我明知你信奉的道德信仰是完全错误的，甚至对其反感，但我认为你是道德信仰的主体，应平等对待，因此，我尊重你的一切抉择。

二 土家族传统知识与文化多样性的契合

土家族传统知识是土家族这个特定的少数民族族群在漫长的历史长河中，在一个相对封闭的自然和社会环境中创造出来的精神成果，并具有鲜明的民族特色。正是因为这个民族本身的独特性，而造就了区别其他民族文化的差异性和异质性，成为了土家族传统知识的本质意义上的遗传珍品。土家族传统知识体现了土家族人的传统文化形态和文化个性，构成了土家族亲和力的源泉和民族认同感的理论依据。土家族传统知识具有传统的稳定性、价值延续发展性、时代应变性、积累性、继承性、表现形式的多样性等特点，由于这些特点使得其不可能被外来的异质性文化所取代和同化，这也与文化多样性有巨大的契合力。

三 土家族传统知识的特别知识产权保护对文化多样性的贡献

为了更有效地维护文化多样性，首先，我们要在观念上发生改变，提高民众的"文化自觉"意识，它包括民众对文化的民族意识、身份意识或主体意识。人们要增强自身的民族意识和民族认同感意识，民族认同感意识的增强，使我们能更有效地保护文化多样性，它不仅可以抵御外来西方文化强势侵蚀与同化，还可以为保护民族的政治思想、文化精神、价值取向、文化个性提供正当性依据。那么，文化认同感就是要通过增强文化的民族自我意识和主体意识才能最终实现。

在现实生活中，对土家族传统知识的商业性或非商业性使用，常常导致外部社会因不能深刻理解土家族传统知识而有意或无意地在不适当的场合和背景下使用以及曲解、误读或篡改该知识，而造成公众对土家族传统知识形成负面的文化印象。因此，为了合理维护土家族传统知识的原真性，对土家族传统知识的特别知识产权保护可以通过知识产权特有的人身所有权制度，将其赋予到法律层面来强制性要求确定土家族传统知识的创造者和传承主体最大限度地增强"民族文化自觉意识"。事实上是为了赋予土家族传统知识的来源群体——土家族对自身民族文化的话语权，土家族传统知识在什么时间、什么场合、什么方式下使用，都应当由土家族传统知识的特定权利主体来掌握。这有利于提高土家族传统知识的权利主体意识和民族文化身份意识，更有利于土家族传统知识的传承与发扬光大。

另外，合理保护土家族传统知识的权利主体的经济利益不受侵犯，可以提高土家族传统知识的传承、传播与发展，有利于全球文化的对话与交流，有利于文化的发展与文化多样性的有效维护。

综上所述，对土家族传统知识进行特别知识产权保护，就是为了更有效地保护文化多样性，把保护文化多样性的道德义务上升到法律义务层面，把对保护文化多样性的政策性宣传转变为法律保护制度的实际操作行为，为文化的传承与发展提供了动力支持，为文化多样性的维护提供了可持续性的保障，可使全世界人民都能平等地吸收到不同文化的新鲜血液。同时，又为构建土家族传统知识的特别知识产权保护制度的正当性提供了又一个理论依据。

本章小结

土家族传统文化的特异性的价值不言而喻。对这一价值的涵养保护的前提，首先就是我们观念上的改变，以及民众整体的"文化自觉"意识提高。顾颉刚先生于《古史辨自序》中曾对我们整个民族的文化判定上有过一段很有趣的辨析，在涉及中华文化的新老之辨时，顾先生否定了这个文化已经衰老的说法，其理由是：我们的文化意识从来没有全民族范围内存在过。其文化的所有权、解释权一直基于少数人的把控，从而缺乏普遍的全民的参与，致使其文化只局限于极小范围，于整个国家的大多数人并无深入的影响，更无所谓普及和弘扬。由此，顾先生肯定我们传统文化的优秀，认为其局限性之一是缺乏群体参与，使得这一优秀文化体系并没有获得其应有的社会效应及文化地位。他因之而对中华文化的未来充满希望和憧憬，觉得随之被更广泛地认识、了解、普及、深化，其生命力会展示出自己应有的活力，如此，他把3000年的中国文化视作是新的文化，尚处于生长期。抛开个人感情因素，顾先生这种解释或不乏道理：基于地域广阔，人口众多，经济疲乏，文化意识淡漠——简单的一个例证，于1949年前后的普查数据，我们这个拥有悠久历史的国家文盲率高达80%以上，以此羸弱的文化基础奢求全民族的文化自觉、文化意识的提高，怕也是一种奢望。

在顾颉刚先生作古史辨的年代，恰是斯宾格勒的《西方的没落》对国内学者产生影响的时候，做一揣测，顾颉刚先生的文化新旧说，也是受到过斯宾格勒文化形态学的诸多启发。斯宾格勒的文化生态学，首先提出"文化有机体概念"。这个概念可分作两个部分来阐述：一是文化是一个由各个组成部分有机地联系起来的整体；二是文化经历着一个从诞生到成长到成熟到衰老到死亡的生命过程。在我们言及土家族文化的特异性的时候，一再提及其特异性本身和汉文化的相互交融缠绕，其独特性中有诸多中华文化的历史镜像及遗存，而对这一特异文化的保存、保护，其意义和价值性就更为显著。让我们回到斯宾格勒的文化危机理论：文化，是人类觉醒意识的产物。这里所说的觉醒，该是对自有文化的认识和理解——具有醒觉意识的人类、族群总要表现自身，而其所拥有的文化就是其族群生命表现的根基。生命，在展现、表现自身的过程中形成了这个种族的表现形式和象征形式的独特性，这种独特性又重构了文化形态。

费孝通先生在追思其提出"文化自觉"这一概念的心路历程时，言及其理论发轫：他是针对西方人的文化、科技演变历史而进行思考的，他认为西方人用现代的科学技术创造了一个辉煌灿烂的物质环境，而在其适应这个环境及至面对全球一体化的时候，却变得步履维艰，与发展中国家一般，感到了困难，即西方国家本身也没有适应他们自身打造出来的崭新的物质环境，其精神文明和高度繁荣的物质世界并没有做到协调和谐。各种社会现象、各种困惑和疑虑骚动，都展示出对一个失范和混乱物质化社会的不满及其对自身根基归属探寻的焦灼。所有的这些都需要文化的协调，也就是说，世界各民族都需要面对"文化自觉"这一问题。

正如一些学者所认定的：高速发展的现代文明是以牺牲文化多样性为代价的，正如现代工业文明开创人类美好前景的情况下，对自然生态的破坏已经令人类饱尝恶果——汹涌而至的全球一体化，其带来的人类文化多样性的凋敝和诸多族群文化知识的丧失，在联合国公约讨论及国家立法层面，已经被多次拿来做生物多样性被破坏的类比，这种类比充分体现全世界范畴内，人们对文化多样性进行抢救和保护的重视急迫程度，而这种重视和急迫于我国社会主义初级阶段、经济建设为中心的时代背景下，其警醒意味尤为重要——无须讳言，在我国经济建设取得重大成就的过程中，民族文化知识的开发利用经常被误解误读：文化的保护被偏颇地理解为利用和开发，致力于其经济价值，而淡漠于保护的实质意义和目的。在这里我们需要强调的是，民族知识的开发仅仅是民族知识文化产权保护的一部分，而非全部。因此，在我们诉求于行政力量和法律保护的时候，应该明晰这一文化意识，从而切实做到对民族知识产权的保护，而非破坏。

费孝通先生在一次讲话中说道："我志在富民，这是不错的。但是，仅仅富了，还够不够？其实，人是不会满足于吃饱穿暖的。人们要求安居乐业，这里的安乐就是高一个层次的追求……我们现在应当讲的还是科技，是讲科技兴国。但是我们再下一代，可能迎来一个文艺高潮，到那时可能要文艺兴国，要再来一次文艺复兴。"——如何复兴？适如他将文化遗产视同文化的基因和种子一样，如果没有这种基因和种子的保存、保护，其后的复兴势必是无源之水、无本之木。

20 世纪 80 年代、90 年代，当日本和韩国人均 GDP 达到 1 万美元的时候，我们的这两个邻国不再致力于对经济增长速度的要求，而纷纷提出文化立国这一国家战略。我国领导人亦将文化视同国家的软实力，提出文化自信、文化自强等战略性目标——所有这些对文化繁荣的诉求都势必离不开对传统文化的保护。

美国学者、思想家、《新领袖》杂志主编丹尼尔·贝尔在其所著的《后工业社会的来临——对社会预测的一项探索》中写道：人们在农耕文明的时期，主要是通过与大自然的互动建设积累了他们的文化。而于工业社会时期，人们主要是与现代生产技术、工具产生互动，进而通过这些后天的人造物来构建自己的文化——但是，后现代的社会以后，人们生活在这种"第二自然"里，他们就已经丧失掉了原生态的一切东西——所有的东西都已经被人工化了、机械化了，而于此时，人们对文化的不满，寻求其文化构建改变的时候，只能是在原有文化的基础上，重新创造新的文化了。哪里还有那些原生态的、人与自然互动时积累流传的文化知识？如果我们放任民族传统知识于现代社会冲击下的自生自灭，一味以开发利用为目的，而忽略对这些传统知识的记录、保留、数字化资料的建立。

土家族文化的特异性，不仅仅是其文化多样性的组成，还有我们一再提及的其文化形成、演变、沉积、承继过程中与汉文化的深刻交融，相互影响渗透，且于其闭塞性而言，更多地保留了农耕时代的文化影像。土家族文化知识的保护，是我国"文化立国"战略及文化自信理念的重要组成部分，对其意义价值之远大的理解认识，由此可见一斑。

土家族文化的保护，近些年得到了人类学者和社会学者的高度重视、积极参与。如，湖北民族学院整理出版了《土家族研究丛书》16本，涵盖土家族的哲学思想、民俗习惯、文化发生学阐述、巫术图腾文化等各个方面，其出发点就是为了保护土家族非物质文化知识，包含了大量的田野考察和研究内容。他们还做了"武陵地区民族教育研究丛书"，对土家族群落的教育状况进行了深入的调查研究，诸如吉首大学的民族博物馆的建立等。而成就取得的同时，其所暴露出的问题更是亟待解决，而这些问题中的重中之重，是于法理上清楚土家族知识产权的正当性、于国家文化战略层面理解保护土家族知识产权的重要性、于人类学社会科学角度明晰其价值,从文化自觉的角度强化文化意识。

第 六 章

传统知识知识产权的世界法保护

第一节　传统知识国际法律保护的利益冲突与平衡

一　问题的提出背景

传统知识（Traditional Knowledge，TK）是世界知识产权组织（WIPO）20世纪末期提出的概念，国际上和学术界至今没有统一的定义。狭义的传统知识是在传统的生产生活实践中创造出来的知识、技术、诀窍和经验，包括农业知识、生态知识、医药知识（包括有关的医药治疗方法）与生物多样性有关的知识，广义的传统知识包括狭义的传统知识、民间文学艺术（如音乐、舞蹈、歌曲、手工艺品、故事等）和传统标志（如姓名、地理标志、符号）。

科技知识包含传统知识与现代知识。现代知识已得到知识产权法律的保护，而传统知识事实上处于公有领域无法得到现有知识产权法保护，一方面导致传统知识濒危、消失的"公有地悲剧"，威胁到文化多样性可持续发展的人类共同利益和后代人利益，另一方面对传统知识的不正当使用和滥用，损害了传统知识持有人的人权和文化利益，特别是发达国家以"生物剽窃"（Biopiracy）手段无偿自由获取发展中国家传统知识，获得巨额商业利益而发展中国家未分享任何惠益，导致南北冲突，由此引发传统知识的国际法律保护问题。国际社会对传统知识是否应保护、为谁保护、保护什么、如何保护目前并未达成一致，关键问题是传统知识法律保护中的利益冲突与平衡机制选择。本书主要以利益平衡理论，在考量现有传统知识国际法律保护的利益冲突与平衡模式基础上，试图分析传统知识国际法律积极保护模式的正当性。

二 传统知识国际法律保护的利益平衡模式现状

传统知识多元主体利益诉求必然产生冲突，如何平衡传统知识多元主体利益冲突，尤其是发展中国家与发达国家利益平衡问题，在国际社会理论与法律界存在着激烈争论，大体分为模糊保护模式、消极保护模式和积极保护模式。

(一) 模糊保护模式

科技知识的国际法律保护主要是知识产权法中的工业产权制度。国际知识产权法现在已形成完整的制度体系，世界贸易协定中《与贸易有关的知识产权协议》(Trips协议)是典型的代表性成果。Trips协议未明文肯定传统知识的保护，也未明文否定传统知识的保护，对传统知识采取的是一种模糊保护态度。

Trips协议的保护对象和保护标准实质上否定对传统知识的保护。Trips协议第1条第2款规定："对于本协议、知识产权术语，系指第二部分第一至第七节中所包括的所有类别的知识产权"，Trips协议第二部分是有关知识产权的效力、范围及利用的标准，第一至第七节规定知识产权类别有版权与有关权、商标、地理标志、工业品外观设计、专利、集成电路布图设计（拓扑图）以及未披露过的信息的保护。传统知识与现代知识具有科学性的共性，都属于智力成果，从范围上看Trips协议对传统知识与现代知识一体等同保护，如传统知识的农业知识、科学知识、技术知识、医药及治疗方法，与生物多样性相关的生态知识适用专利保护，传统知识中的传统工艺适用外观设计保护，传统知识中的植物品种适用植物品种权保护，传统知识中的传统标志适用商标保护，传统知识的地理名称适用地理标志保护。但从保护标准看，Trips协议是以现代知识为基础制定的技术标准和法律标准，Trips

协议第 27 条规定："一切技术领域的任何发明，无论产品发明或方法发明，只要其新颖、含创造性并可付诸工业应用，均应有可能获得专利"，专利保护标准要具有新颖性、创造性、实用性。传统知识的生成理念、内容、方法不同于现代知识，是各种知识片段的集合，难以达到现代知识创造性、新颖性和实用性标准，且传统知识产生久远，时间难以确定，传统知识客体主要呈活态和动态的集合，缺乏文献记录，传统知识主体的不明确性及群体性不符合现代知识产权个人主义的要求。

1995 年《联合国开发计划署关于保护传统知识的咨询会议的最后声明》中认为，"知识产权制度对北半球的工业化国家有利，他们有申请专利和版权的资源，结果导致为了商业目的继续掠夺和盗用原住民的基因资源、传统知识和文化。知识产权制度总的来说忽略了原住民和南半球人民几千年来在保护和保存基因资源方面所作的贡献，忽略了原住民的知识、基因资源和环境间密切的相互关系。知识产权的提议者关心的只是他们能从这些资源的商业利用中获得的利益"。因此，Trips 协议实质为现代知识产权保护法，传统知识难以在 Trips 协议中受到保护，客观上处于公有领域状态，结果是发达国家自由免费获取发展中国家的传统知识，并利用强势资本和科技力量进行产业化开发和市场化利用，进而申请专利，造成现实存在的大量"生物海盗"现象，而反过来要求发展中国家支付发达国家专利费，导致发展中国家与发达国家在传统知识利用中惠益分享的严重失衡，Trips 协议对传统知识的模糊保护模式实质上否定传统知识的法律保护。

（二）消极保护模式

现行国际知识产权制度基本上否定传统知识基本的法律保护，造成发展中国家与发达国家利益冲突，为了平衡发展中国家与发达国家在传统知识利用过程中的利益公平分享，1992 年在巴西里约热内卢召开的地球高峰会议通过了《生物多样性公约》（CBD）。CBD 是目前唯一确认传统知识法律保护的国际公约。

CBD 的基本宗旨为保护生物多样性、可持续利用生物多样性以及公平合理地分享来自遗传资源的商业性利用和其他利用的利益。这些目标的实现手段包括遗传资源的适当取得及有关技术的适当转让，但需顾及对这些资源和技术的一切权利，以及提供适当资金。公约对缔约国规定了保护义务，同时也规定发达国家应向发展中国家提供履约所必需的资金与技术。

CBD 的以上规定已经成为许多发展中国家相关立法的依据，其特殊贡献在于：从知识产权法角度正式确立了传统知识的知识产权保护，构建了传统知识的保护宗旨，提出传统知识是"人类共同关切事项"，否定主要发达国家关于传统知识是"人类共同遗产"的"公有领域"法律地位的主张，确立了传统知识的知识产权客体地位。CBD 全面规定了传统知识保护与利用的国家主权原则、知情同意原则和惠益分享原则，有利于维护发展中国家的利益。但 CBD 与 Trips 相比，CBD 缺乏强制执行力，属于"软法"。许多学者对 CBD 的作用表示怀疑。有学者认为"虽然第 8（j）条的意思是持有人对他们的知识、创新和做法享有权利，但是否这些权利能够用知识产权保护，语言是模糊的，并且很难确定缔约的具体法律要求"；"第 8（j）条是苍白无力的，没有要求成员国把它作为义务，从而为成员国不遵守这一指南开了一扇窗。另一方面，它把责任给了国内立法，在成员国没有国内立法可以实施这一条文的情况下，可以表现出一种无实施可能的善意姿态"[①]；"与巴黎公约一样，CBD 的书面目标没有实现工具并不幸地只为国际互动科学事业的架构，这也许是因为南北方就探测者和土著群体之间关系的认识尖锐对立。"[②] CBD 没有正面确认传统知识持有人的经济权利和精神权利，只能通过知情同意和惠益分享间接获得保护，CBD 保护模式属于消极防御性保护模式，缺乏积极性保护。

---

① Grethel Aguilar. Access to Genetic Resources and Protection of Tradi – tional Knowledge in the Territories of Indigenous peoples [J]. Envi – onmental Science& Policy, 2001, (4): 244.

② Lakshmi Sarma Biopiracy: Twentieth Century Imperialism in the Form of International Agreements [J]. Temple International and Comparative Law Journal, Spring, 1999: 120~121.

(三) 积极保护模式

传统知识国际法律保护的模糊模式实质上否定了传统知识的法律保护，消极保护模式对传统知识只能间接防御式的法律保护，不能对传统知识提供充分有效的保护。"作为对这种剽窃的反应，传统知识拥有人提出了一系列的要求，概括如下：确认他们为其知识的作者或发明者，能够控制对其知识的获取，能从对其知识的使用中获得补偿，保留他们的文化身份，其文化身份可以使他们的文化得到持续生产，还可以使用他保护的组织机构"，[①] 在这种背景下，国际社会对传统知识积极保护做了努力探索。本文择其代表性成果进行分析。

1.《联合国土著人权利宣言（草案）》

1999年《联合国土著人权利宣言（草案）》[②] 在一系列条款中确认了土著人对其传统知识享有的权利。（1）所有权和控制权。第29条规定"土著人对其文化知识财产的全部所有权、控制权和保护权应得到承认"，"土著人有权采取特别措施，控制、发展和保护自己的科学、技术和文化表现形式，包括人的和其他的遗传资源、种子、医药、有关动植物群特性的知识、口授传统、文学、图案、观赏艺术和表演艺术"。（2）遗传资源权。第24条规定"土著人有权使用自己的传统医药和保健方法，包括有权保护重要的药用植物、动物和矿物"。（3）传统文化权。第12条规定"土著人有权遵循和振兴其文化传统和习俗。这包括有权保存、保护和发展表现其文化的旧有、现有和未来的形式，例如考古和历史遗址、人工制品、图案设计、典礼仪式、技术、观赏艺术和表演艺术，有权收回未经他们自由和知情同意或违反其法律、传统和习俗而夺走的文化、知识、宗教、精神财产"。（4）习惯法权。第33条规定"土著人有权根据国际上承认的人权标准促进、发展和维护其机构体制用其独特的司法习俗、传统、程序和惯例"。

---

① ［美］尼古拉斯·布雷：《数据库及习惯法对保护传统知识的贡献》，《国际社会科学杂志》（中文版）2007年第2期，第85页。

② 秦天宝：《国际与外国遗传资源法选编》，法律出版社2005年版，第71—79页。

《草案》从人权角度保护土著人对其传统知识的专有权，在国际立法中较系统全面确立了土著人对传统知识的所有权、控制权、遗传资源所有权、传统文化权、习惯法权，对国际法全面承认传统知识专有权具有开拓意义，但《草案》的保护主体范围限于土著人，不能涵盖其他传统知识主体，在保护内容方面缺乏传统知识利用和利益分享的规则。

2.《粮食和农业植物遗传资源国际条约》

2001年，联合国粮农组织第31届大会通过了《粮食和农业植物遗传资源国际条约》，[①] 确认了"农民权"概念，规定粮农植物基因资源及相关传统知识的保护获取、利益分享规则，成为保护该领域有关传统知识的国际法律规范。

《粮食和农业植物遗传资源国际条约》在序言中"确认世界所有地区的农民，特别是原产地中心及多样性中心的农民过去、现在和将来在保存、改良及提供这些资源方面的贡献是农民权利的基础"，确立了农民权的概念。《条约》第9条专门规定了农民权利的具体内容：一是传统知识保护权。"保护与粮食和农业植物遗传资源有关的传统知识"；二是惠益分享权。"公平参与分享因利用粮食和农业植物遗传资源而产生的利益的权利"；三是参与决策权。"参与在国家一级就粮食和农业植物遗产资源保存及可持续利用有关事项决策的权利"。

《条约》在借鉴CBD确认知情同意权和惠益分享权间接保护的基础上，又借鉴《联合国土著人权利宣言（草案）》确认的传统知识专有权，明确了传统知识专有权积极保护模式，虽然主体范围限于与植物遗传资源相关的农民，仍具有创新意义。

3. 关于保护传统文化表现形式/民间文学艺术表现形式（TCEs/EoF）的目标与原则

2006年"关于遗传资源、传统知识、民间文艺与知识产权政府间委员会（IGC）"第九次会议修订了《关于保护传统文化表现形式/民

[①] 秦天宝：《国际与外国遗传资源法选编》，法律出版社2005年版，第22—24页。

间文学艺术表现形式（TCEs/EoF）的目标与原则》，① 全面确立了传统知识的专有权利模式的目标、一般原则、保护客体、保护权利等。文件 WIPO/GRTKF/IC/9/4 实体性条款部分第 3 条全面确认了传统知识的权利体系。

第一，协议第 3 条第 1 款（A）项鉴于 TCEs/EoF 对于某一社区具有特殊文化精神价值或重要性，并根据第 7 条的规定已经注册或通告，应采取适当的和有效的法律措施或习惯做法，以确保相关社区可以制止下列未经其免费的、事先知情同意的知情同意权和获得报酬权。"（a）对非文字、标志、名称和符号类的 TCEs/EoF，包括复制、出版、改编、广播、公开表演、向公众传播、发行、出租、向公众提供和固定（包括照相）TCEs/EoF 或其他派生形式；对 TCEs/EoF 或其派生形式的任何使用，未以某种适当方式注明该 TCEs/EoF 所来源的社区；任何与 TCEs/EoF 有关的歪曲、篡改或其他修改，或其他相关的贬损行为；以及获得或行使 TCEs/EoF 或其派生形式之上的知识产权的行为；（b）对文字、标志、名称和符号类的 TCEs/EoF 或其派生形式的任何使用以及获得或行使建立在其上的知识产权的过程中，贬低、冒犯或虚假暗示其相关社区相关联或使该社区声誉遭受侮辱和诋毁的行为。"

第二，协议第 3 条第 2 款（B）项对未根据第 7 条规定进行注册或通告的其他 TCEs/EoF 的使用和利用，应采取充分而有效的法律措施和习惯做法以确保：（a）来源披露权。"相关社区被确认是任何源于 TCEs/EoF 的作品或其他产品的来源地"；（b）真实完整权。"任何与 TCEs/EoF 有关的歪曲、篡改或其他修改及贬损行为，可加以制止/或给予民事或刑事制裁"；（c）反不正当竞争权。"任何在商品或服务做出虚假、混淆或误导性表示或说法，指向、接近或唤起相关社区的 TCEs/EoF 以表示得到该社区的认可或与之有联系的行为，可加以制止并/或给予民事或刑事制裁"；（d）惠益分享权。"以营利为目的的使

---

① 管育鹰：《知识产权视野中的民间文艺保护》，法律出版社 2006 年版，第 56—57 页。

用或利用,应与相关社区磋商并达成得到第 4 条所指机构确认的关于公平补偿或分享利益的条款。"

第三,WIPO/GRTKF/IC/9/4 实体性条款部分第 3 条第 1 款(C)项确保商业秘密权。"应采取适当而有效的法律措施和习惯做法,以确保社区能够制止未经授权公开、使用并获取和行使在秘密的 TCEs/EoF 之上的知识产权的行为"。WIPO/GRTKF/IC/9/4 继承 1982 年 WIPO 与 UNESCO《保护民间文学艺术表达形式、防止不正当利用及其他侵害行为的国内示范法》,完善了传统知识专有权利保护模式,确立了专有权利保护的目标、指导原则和具体实体性条款,对受保护客体的范围、保护标准、保护措施、受益人、权利的管理、保护范围、例外与限制、手续、制裁、补救办法和执法、适用时限、与知识产权保护的关系、国际和地区保护等方面进行了较为详细的阐述,是国际立法的最新进展。

总之,传统知识的国际法律保护模式存在三种模式。模糊模式实质是利用现行知识产权规划保护传统知识,消极模式实质上是修正现行知识产权规则保护传统知识,积极模式实质是与现行知识产权规则分离,有别于现行知识产权的传统知识专有权制度。

第二节 传统知识知识产权的国际法律保护模式变迁

传统知识是相对于现代知识的传统知识,对现代知识进行知识产权保护已成定论。对作为传统知识的非物质文化遗产是否进行保护及怎样保护,则在理论和立法上并未达成共识,而且主张给予知识产权保护的相关立法在如何保护问题上,包括保护模式、范围、宗旨、主体、客体、方式等方面存在分歧。

一 传统知识的知识产权法保护模式的缘起——知识产权保护模式

知识产权法保护模式是指以传统知识与现代知识具有同质性,主张利用或修改现行知识产权法对传统知识的知识产权进行保护的模式。该模式一方面直接适用现有知识产权法的《著作权法》《专利法》、商业秘密法、地理标志法等，另一方面对现有知识产权法律作适当修改或完善保护传统知识的知识产权。

（一）知识产权法模式的国家化起源

知识产权法模式起源于突尼斯1966年制定（1994年修订）的《文学艺术产权法》。其第7条第3款规定："民间文艺系指代代相传的，与习惯、传统及诸如民间故事、民间书法、民间音乐及民间舞蹈的任何方面相关联的文化遗产。"该法明确规定，"民间艺术属于国家遗产，任何以营利为目的的使用民间文学艺术的行为都应经过文化部的允许；这些民间艺术活动的内容，要经过突尼斯保护作家权益机构根据本法进行审核。同样，从民间艺术中吸取灵感创造的作品，要经过国家文化部的允许；对于民间作品的全部或部分著作权在其中发生转移，需要国家文化部的特殊许可。"其后发展中国家有40多个国家采取知识产权立法保护模式，发达国家有澳大利亚、美国、日本、新西兰、瑞士、法国、欧盟及成员国等认为现行知识产权法适用于非物质文化遗产的知识产权保护。

（二）知识产权法模式的区域化发展

非洲知识产权组织1977年制定（1999年修订）的《班吉协定》标志着非物质文化遗产的知识产权法保护模式的区域化。其附件即"文学艺术财产"的第一部分"著作权和邻接权"中，"民间文学艺术表达形式"被定义为"由团体或个人创造并保存的、被认为是满足这些团体愿望的、以传统艺术遗产特有因素构成的产品，包括民间故事、民间诗歌、民歌、民族器乐、民间舞蹈、民间娱乐活动及宗教仪式的艺术表达形式及民间艺术产品"。该模式直接把民间文学艺术表达式和已过著作权保护期而处于"公有领域"的作品等同，采用"付费公有领域"保护方式。

（三）知识产权法模式的国际化趋势

知识产权法模式的国际化源于1967年在斯德哥尔摩外交会议上修

订了《伯尔尼公约》。该《公约》为了反映越来越多国家关于保护民间文学艺术的要求，人们试图将民间文学艺术纳入其中，但是由于难于准确地给民间文学艺术下一个被普遍接受的定义，在公约文本中并没有明确提到"民间文学艺术"或者"民间文学艺术作品"，而是当作者身份不明的一类特殊作品处理。在《伯尔尼公约》的斯德哥尔摩1967年文本和巴黎1971年文本中的第15条第4款规定：（a）对作者的身份不明但有充分理由推定该作者是本同盟某一成员国国民的未出版作品，该国法律得指定主管当局代表该作者并有权维护和行使作者在本同盟各成员国内权利。（b）根据本规定而指定主管当局的本同盟成员国应以书面声明将此事通知总干事，声明写明被指定当局的全部有关情况。《公约》最早关注非物质文化遗产中民间文学艺术的知识产权保护，但应用现代著作权法思路，对其作为作者身份不明的特殊作品看待，且未提出具体的保护模式。

世界贸易协定中《与贸易有关的知识产权协议》第二部分是有关知识产权的效力、范围及利用标准，其第一至第七节规定知识产权类别有版权与有关权、商标、地理标志、工业品外观设计、专利、集成电路图设计（拓扑图）以及未披露过的信息。该《协议》未明文肯定非物质文化遗产的保护，也未明文否定非物质文化遗产的保护，但非物质文化遗产与现代知识都属于智力成果，《协议》实际上将传统知识纳入现行知识产权保护模式。

二 传统知识的知识产权法律保护模式的转换——特别法模式

特别法模式指以知识产权法在独创性、期限性、表达形式、单一主体方面与传统知识的保护存在冲突，在现行知识产权法之外建立独立的特殊权利的保护模式。

（一）特别法模式的国家化起源

1. 特别知识产权导向的巴拿马模式

2000年，巴拿马第20号总统令颁布了《关于保护和捍卫原住民的文化特性和传统知识的集体权利特别知识产权制度的法律及相关措施》（简称《巴拿马特别法》）①，它是世界上第一个全面保护原住民创造的传统知识及其集体权利的法律。(1) 权利主体。该法首先承认了创造和保有传统文化的原住民是其文化的权利人，即其第 1 条所明确的立法目的："赋予原住民就其创造，如发明、新式样、图画及设计、蕴含于形象、物体、符号、图形、石刻和其他介质中的创新，以及其历史、音乐、艺术和其他传统表达形式所包含的文化要素等可商业化的内容进行专门登记，以保护其经济利益，提升原住民文化的社会文化价值并公正对待这些文化。"(2) 权利内容。该法的第 2 条规定未经原住民同意任何人不得对其所享有的传统知识如"习俗、传统、信仰、精神性、宗教性、宇宙观、民间文学艺术表现形式、艺术表现、传统知识和任何其他形式的原住居民传统表现形式等"进行商业利用并获得绝对的知识产权。《巴拿马特别法》的第 4 条承认原住民对其传统的乐器、音乐、舞蹈及其表演、口头或书面文化表达等有形的民间文艺产品或无形的文化表现形式均享有集体权利。

2. 传统文化权导向的菲律宾模式

1995 年，菲律宾发布第 247 号行政令（Executive Order No. 247，简称 EO247），规定了为科学和商业目的以及其他目的开发生物和遗传资源及其副产品和衍生物的制度框架，确立了遗传资源和传统知识的知识产权。(1) 国家主权和国家所有权。EO247 序言规定了国家对传统知识及其有关载体的主权和所有权。野生生物、植物群和动物群等均为国家所有，对它们的处置、发展和利用均受国家的监督和控制。同时国家对传统知识及其有关生物资源商业化利用时的利益有一定的分享权。(2) 控制权。对进入传统部族祖居领地、获取生物遗传资源以及与此有关的传统知识的控制权。(3) 知情同意权。在对传统知识及其有关生物资源进行直接或间接商业开发时，传统社区对这种开发有事先知情权和依据其习惯法的同意权。这种知情权和同意权都是

---

① "Act No. 20: Special System for Registering the Collective Rights of Indigenous Peoples", Republic of Panama, June26, 2000.

"前置性"权利。这种权利事实上构成了对国家所有权的限制。(4)利益分享权。E0247规定,对传统知识及生物遗传资源商业化利用所得的利益,有关传统社区有分享权,有关研发方应向有关传统社区缴纳使用费。(5)参与决策权。传统部族和传统社区对涉及传统知识的有关问题享有参与决策权。(6)自由交换权。传统部族和传统社区对传统知识及其有关生物资源在社区内部享有自由交换权。

3. 生物多样性导向的哥斯达黎加模式

1998年4月,哥斯达黎加在原住民及其社区的广泛参与下制定通过《生物多样性法》。该法确立的具体权利包括:(1)事先知情同意权。哥斯达黎加种子机构和知识与工业产权登记机构在对涉及生物多样性因素的创新给予知识产权保护时,应向国家生物多样性管理委员会技术办公室提供发布的来源证书和原住民事先知情同意的证明。依据该法传统部族及其主区有权基于任何理由拒绝外部人员接触和获取其遗传资源和有关传统知识。(2)特别社区知识权,即传统部族及其社区对其传统知识、创新和实践的权利。(3)自愿登记权。特别社区知识权不需要事前公布或官方登记等程序,即可获得类似于版权的自动保护。

巴拿马、菲律宾、哥斯达黎加立法在国内法层面分别从土著人传统文化权和生物多样性有关的传统知识权角度确立了非物质文化遗产的知识产权"特殊权利",其客体不同于现代知识产权,具体权利包含所有权、控制权、保护权、利用发展权、知情同意权、获益权等,非物质文化遗产的国家层面的特殊知识产权立法同与之相关的财产立法和环境立法综合保护非物质文化遗产,有利于非物质文化遗产的保护、利用及可持续发展。

(二)特别法模式的区域化发展

区域特别法模式以2002年《南太平洋示范法》(太平洋地区保护传统知识及传统文化表现形式框架协议)[①] 为代表,该协议为传统所

---

① 管育鹰:《知识产权视野中的民间文艺保护》,法律出版社2006年版,第282—311页。

有人就其传统知识和传统文化表现形式在法律上设定了权利。

1. 权利主体。"传统所有人"指拥有传统知识及传统文化表现形式的：（1）族群、部落或社区居民；（2）族群、部落或社区居民依其习惯法或惯例承认的、有权利和义务监管和保护其传统知识及传统文化表现形式的个人。

2. 权利种类。《南太平洋示范法》确立的传统文化权利的经济权利为：（1）复制传统知识及传统文化表现形式；（2）出版传统知识及传统文化表现形式；（3）公开表演或展示传统知识及传统文化表现形式；（4）通过广播、电视、卫星、有线设备或其他方式向公众播放传统知识及传统文化表现形式；（5）翻译、改编、汇编、变换形式或修改传统知识及传统文化表现形式；（6）通过照相、摄制、录音等方式将传统知识及传统文化表现形式固定在某种介质上；（7）通过网络或电子信号方式向公众传送传统知识及传统文化表现形式；（8）创作派生作品；（9）制造、使用、提供、销售、进口或出口传统知识及传统文化表现形式及相关产品的。《南太平洋示范法》确立的精神权利包括：（1）署名权；（2）制止虚假署名权；（3）保护自己的传统知识及传统文化表现形式不受贬损权；（4）传统所有人对其传统知识及传统文化表现形式的精神权利独立于其传统文化权；（5）精神权利是永久性的且不可让渡的，不能放弃或转让。

《南太平洋示范法》借鉴1982年WIPO与UNESCO《保护民间文学艺术表达形式、防止不正当利用其他侵害行为的国内示范法》，将非物质文化遗产从著作权法中独立出来，以专门的法律对其进行保护，在区域性立法中创立了"特殊权利"保护模式。

（三）特殊法保护模式的国际化趋势

1.《生物多样性公约》的消极保护模式

1992年的《生物多样性公约》（CBD）[①]是唯一目前明确认可传

[①] 北京大学世界遗产研究中心：《世界遗产相关文件选编》，北京大学出版社2004年版，第129—149页。

统知识创新和做法在生物多样性保护中的作用以及需要对它们进行保护的国际公约。

CBD确认传统知识和遗传资源保护的内容主要体现在第8（j）条、第15条、第17条、第18条等规定中。具体内容包括：（1）惠益分享权。第8（j）条要求成员国"依照国家立法，尊重、保存和维持土著和地方社区体现传统生活方式而与生物多样性的保护和持久使用相关的知识、创新和做法并促进其广泛应用，由此等知识、创新和做法的拥有者认可和参与其事并鼓励公平地分享因利用此等知识、创新和做法而获得的惠益"；（2）确认国家主权和知情同意权。第15条中规定"确认各国对其自然资源拥有的主权权利，因而可否取得遗传资源的决定权属于国家政府，并依照国家法律行使。……遗传资源的取得须经提供这种资源的缔约国事先知情同意，除非该缔约国另有决定"；（3）信息控制权。第17条规定"缔约国之间的信息交流'应包括交流技术、科学和社会经济研究成果，以及培训和调查方案的信息、专门知识、当地和传统知识本身'及连同第16条第1款所指的技术，可行时也应包括信息的归还"；（4）开发利用权。第18条规定"缔约国为实现本公约的目标，应按照国家立法和政策，鼓励并制定各种合作方法以开发和使用各种技术，包括当地技术和传统技术在内。为此目的，缔约国还应促进关于人员培训和专家交流的合作"。

CBD首次提出了土著知识（indigenousknowledge）是知识财产[①]（intellectualproperty）的延伸，因而有权得到平等急迫的保护。CBD的以上规定已经成为许多发展中国家相关立法的依据，其特殊贡献在于从知识产权法角度正式确立了非物质文化遗产的知识产权保护，构建了传统知识的保护宗旨，提出传统知识是"人类共同关切事项"，否定主要发达国家关于传统知识是"人类共同遗产"的"公有领域"法律地位的主张，确立了传统知识的知识产权客体地位。CBD全面规定了传统知识保护与利用的国家主权原则、知情同意原则、惠益分享原

---

① 秦天宝：《国际与外国遗传资源法选编》，法律出版社2005年版，第71—79页。

则，有利于维护发展中国家的利益。CBD 的缺陷在于保护范围限于与遗传资源有关的传统知识的知识产权，缺乏非物质文化遗产的全面保护，在保护模式方面属于防御性保护，缺乏积极性保护。

2. 关于保护传统文化表现形式/民间文学艺术表现形式（TCEs/EoF）的目标与原则的折中保护模式

文件 WIPO/GRTKF/IC/9/4 实体性条款部分第三条确认了传统知识的权利体系。（1）知情同意权。协议第三条第一款确保相关社区可以制止下列未经其免费的、事先知情同意的行为："（a）对非文字、标志、名称和符号类的 TCEs/EoF，包括复制、出版、改编、广播、公开表演、向公众传播、发行、出租、向公众提供和固定（包括照相）TCEs/EoF 或其他派生形式；对 TCEs/EoF 或其派生形式的任何使用，未以某种适当方式注明该 TCEs/EoF 所来源的社区；任何与 TCEs/EoF 有关的歪曲、篡改或其他修改，或其他相关的贬损行为；以及获得或行使 TCEs/EoF 或其派生形式之上的知识产权的行为；（b）对文字、标志、名称和符号类的 TCEs/EoF 或其派生形式的任何使用以及获得或行使建立在其上的知识产权的过程中，贬低、冒犯或虚假暗示其相关社区相关联或使该社区声誉遭受侮辱和诋毁的行为。"（2）来源披露权。协议第三条第二款（B）项确保"相关社区被确认是任何源于 TCEs/EoF 的作品或其他产品的来源地"；（3）真实完整权。协议第三条第二款（B）项确保"任何与 TCEs/EoF 有关的歪曲、篡改或其他修改及贬损行为，可加以制止或给予民事或刑事制裁"；（4）反不正当竞争权。协议第三条第二款（B）项确保"任何在商品或服务做出虚假、混淆或误导性表示或说法，指向、接近或唤起相关社区的 TCEs/EoF 以表示得到该社区的认可或与之有联系的行为，可加以制止并给予民事或刑事制裁"。（5）惠益分享权。协议第三条第二款（B）项确保"以营利为目的的使用或利用，应与相关社区磋商并达成得到第四条所指机构确认的关于公平补偿或分享利益的条款"。（6）商业秘密权。协议第三条第一款（C）项确保商业秘密权。"应采取适当而有效的法律措施和习惯做法，以确保社区能够制止未经授权公开，使用并获取和行使在秘密的 TCEs/EoF 之上的知识产权的行为。"（7）精神权利。协议第十三条第二款确立的精神权利包括署名权、制止虚假署名权、不受贬损权。

文件 WIPO/GRTKF/IC/9/4 继承 1982 年 WIPO 与 UNESCO《保护民间文学艺术表达形式、防止不正当利用及其他侵害行为的国内示范法》，在利益平衡基础确立了非物质文化遗产知识产权"特殊权利"折中保护模式，对该模式的保护的目标、指导原则和具体实体性条款、受保护客体的范围、保护标准、保护措施、受益人、权利的管理、保护范围、例外与限制、手续、制裁、补救办法和执法、适用时限、与知识产权保护的关系、国际和地区保护等方面进行了较为详细的阐述，是国际立法的最新进展。

三　简要评析

现代知识已得到知识产权法律的保护，而传统知识事实上处于公有领域无法得到现有知识产权法保护，一方面导致传统知识濒危、消失的"公有地悲剧"，威胁到文化多样性可持续发展的人类共同利益和后代人利益，另一方面对传统知识的不正当使用和滥用，损害了传统知识持有人的人权和文化利益，特别是发达国家以"生物剽窃"（Bio-piracy）手段无偿自由获取发展中国家传统知识，获得巨额商业利益而发展中国家未分享任何惠益，导致南北冲突，由此引发传统知识的法律保护模式问题。

综合上述历史和比较分析，国际社会对传统知识的法律保护存在知识产权法保护模式和特别法保护模式，因此国际社会对传统知识是否应保护、为谁保护、保护什么、如何保护目前并未达成一致。本书认为知识产权法保护模式仅能为符合现代知识产权法的部分传统知识提供保护，不能为传统知识提供全面保护，而特别法保护模式能为传统知识提供实质性的全面保护。

首先是整体性保护需要。作为传统知识的非物质文化遗产与现代知识虽然都是智力成果，但二者具有完全不同的性质。现代知识具有价值的经济一元性、主体的个人性、内容的正式创新性、形式的固定性和稳定性；传统知识具有价值的人权、文化、历史、科技、艺术、环境、生态多元性，主体的集体性，内容的非正式创新性，形式的口头性和变异性。传统知识与现代知识在价值基础、主体、内容、形式等属性的本质差异？传统知识的知识产权法保护模式只能对传统知识的消极利益、衍生利益提供防御性、间接性、消极性保护，无法对传统知识及其利益提供主动性、直接性、积极性保护，表现为主体方面传统知识的群体无法成为权利主体，实体方面传统知识内容无法满足现代知识产权创造性、新颖性条件，形式方面传统知识的非正式存在不符合现代知识产权"固定化"物质形态要求，因而现代知识产权法制度与传统知识保护具有不兼容性。传统知识的特别法保护模式认识到非物质文化遗产智力成果与现代知识智力成果的异质性，确立保护传统知识知识产权的特殊权利体系，确认群体的法律主体地位，建构包括所有权、控制权、知情权、同意权、利用权、利益分享权、精神权等传统文化权，对传统知识知识产权的积极利益、消极利益及衍生利益进行直接、积极、主动保护，确保经济利益和精神利益的实现，"特殊权利"模式符合传统知识保护的内在规律，具有正当性、有效性、操作性。

其次是利益平衡需要。传统知识是知识的重要组成部分，与现代知识相比，传统知识本体具有稀缺性、脆弱性、唯一性、不可再生性、多样性等特征，传统知识的价值具有历史、艺术、科学、教育、生态、经济、人权综合属性。因此传统知识的利益主体具有多元性，表现为传统知识是全人类共同可持续发展的基础和文化多样性的表现，传统知识是国家主权的组成部分，国家享有文化主权和文化安全，传统知识的创造者群体享有经济权利和精神权利，是创造者群体的智力成果和文化身份表现，而传统知识的传播者、使用者的创新利益也应承认，另外传统知识是前代人遗留的文化遗产，当代人享有利益，后代人亦应享有利益。所以从横向上传统知识的利益主体结构为全人类、国家、创造者群体及传播者与使用者，从纵向上传统知识的利益主体结构为当代人与后代人。传统知识的知识产权法保护模式主要保护传统知识利用者利益，不能有效保护其他利益相关者。

　　最后是文化多样性保护的需要。现代生态学研究成果表明，多样性是维持生态系统稳定的重要因素，"生态系统保持稳定、抵制进化变迁的能力，取决于多样性和各自生物内部的联系"；"多样性是稳定的关键"[①]。就生态系统文化多样性而言，正如美国学者基辛格所说，"文化的歧异多端是一样极其重要的人类资源。一旦失去了文化的差异，出现了一个一致的世界文化，虽然若干政治整合的问题得以解决，就可能会剥夺了人类一切智慧和理想的源泉，以及充满分歧与选择的各种可能性，演化性适应的重要秘诀之一就是多样性，……去除了人类的多样性，可能会付出意想不到的代价"[②]。《关于国际文化合作的原则宣言》第1条规定，"各种文化都具有它们的尊严与价值，都应当受到尊重和保护"，"所有的文化形成了属于人类共同遗产的一部分"。文化多样性是人类与环境长期协同进化的"心理积淀"，每种文化都具有独特的审美价值、精神价值、社会价值、历史价值、符号价值、准确性价值、潜在价值等多样性价值，属于不可再生性、稀缺性、不可替代性资源。保护文化多样性和保护生物多样性一样重要，文化多样性保护应保护文化遗产的生态系统和生态过程、文化种类多样、文化资源合理持续利用，优先保护濒危文化遗产，不超越文化遗产资源的生态承载力。传统知识知识产权法保护模式的片面保护导致传统知识濒危、消失的"公有地悲剧"，传统知识特别法的全面保护要求保护文化多样性并可持续利用，从根本上避免非物质文化遗产濒危消失。

第三节　传统知识特别知识产权国际法保护模式的比较评析

　　根据现行知识产权法公有领域的原理，传统知识属于公有领域而

---

① [美]唐纳德·哈迪斯蒂：《生态人类学》，郭凡、邹和译，文物出版社2002年版，第35页。

② 向维凌、黄晓京：《当代人类学概要》，浙江出版社1986年版，第283页。

无法受到法律保护。随着城市化、工业化及全球化导致的文化冲突，传统知识在精神层面遭到歪曲、篡改、异化，在经济层面则被无偿利用或盗用，而未获公平利益之分享，严重侵害了传统知识所有人的精神利益和经济利益。因而是否对传统知识进行特别知识产权立法保护成为国际焦点。但主要发达国家否认传统知识的特别知识产权立法保护。20 世纪 50 年代以来，约 50 个发展中国家进行了特别立法模式探索，一些区域性组织和国际组织也进行了特别立法模式协调。从比较法角度，以利益平衡为目标，分析已有特别立法模式在权利性质、权利主体、权利内容等方面存在的分歧，以期为完善立法提供理论支撑和制度借鉴。

一　权利性质及不同保护模式

权利性质决定利益保护程度。传统知识特别知识产权保护的实质是权利人对传统知识信息获取、使用与利益分享的控制程度。从保护程度的角度分类，已有特别立法分为具有事先许可积极控制权的强度模式、具有事后禁止消极控制权的弱度模式及积极模式与消极模式结合的平衡模式。

（一）事先许可积极控制权的强度模式

事先许可积极控制权的强度模式赋予权利人对传统知识信息获取、使用与利益分享事先许可的绝对控制权。

1. 事先许可积极控制权的国家立法

采取传统知识特别知识产权事先许可积极控制权保护的主要是部分发展中国家，发达国家基本持否认态度。事先许可积极控制权立法起源于发展中国家突尼斯，在 1966 年制定、1994 年修改的《突尼斯文学与艺术财产保护法》第 7 条规定："对民间文艺为了营利性利用而进行的任何复制都应取得文化部的许可。"该法首先在国家层面创设了少数民族非物质文化遗产的事先许可积极控制权，其后部分发展中国家采纳该模式。非洲地区代表性国家立法有：2000 年修订的《喀麦隆版权与邻接权法》，该法第 5 条第 2 款规定："为营利目的而传播、直接或间接地将民间文艺固定化,都须取得文化主管部门的许可。"1996年《科特迪瓦保护知识作品与作者、表演者、录音录像制作者法》,该法第8条规定:"对民间文艺的利用权由该法第62条规定的作者集体管理机构行使;对民间文艺的营利性公开表演与复制行为需要前述机构的授权。"亚洲地区代表性国家立法有:2002年《印度尼西亚版权法》,该法第10条第3款规定,若任何不具有印度尼西亚公民身份者要对民间文艺"进行出版与复制,则应首先获得相关机构许可"。美洲地区代表性国家立法有:2000年巴拿马《土著社群集体权利的特别知识产权法》,该法第一章第2条规定:"包括民间文艺在内的各种土著社群的传统表达构成其文化财产,除非由土著社群自行申请,否则这些传统表达不得成为任何未给授权的第三方在知识产权制度(如版权、工业产权等)中享有的专有权的对象。"上述部分发展中国家对事先许可积极控制权的确立,进一步表明了发展中国家对保护传统知识的肯定态度。

确立传统知识特别知识产权绝对控制权的主要是发展中国家,而主要发达国家则持反对态度,反映了在对待传统知识特别知识产权绝对控制权立法上发达国家与发展中国家尖锐对立的矛盾。

2. 事先许可积极控制权的区域性立法

传统知识事先许可积极控制权区域性的立法源于1976年WIPO与UNESCO协助发展中国家制定的《突尼斯发展中国家版权示范法》。该法提供发展中国家立法的示范性标准。该法第6条第1款规定:"对于国家民间文艺作品,第4条以及第5条第1款规定的权利应由第18条规定的主管机构行使。"而该法第4条规定:"作者享有进行或许可他人进行以下行为的专有权:复制;制作作品的翻译、改变、整理或是其他转换形式;以表演或广播向公众传播作品。"第5条第1款规定:"对其作品主张作者身份","反对以下行为并就其主张救济:对其作品以任何形式进行歪曲、割裂或其他修改,以及针对其作品的任何其他贬损行为。"该条是关于国家主管机构对国家文艺作品的许可专有权,首次在区域层次创设了少数民族传统知识事先许可积极控制权。《突尼斯发展中国家版权示范法》是示范立法而非生效立法，但对少数民族非物质文化遗产特别知识产权事先许可积极控制权区域性立法作了有益的探索。1977年《班吉协定》是目前唯一生效的区域性法律。该协定附件七第二编标题为"文化遗产的保护与促进"，其第二章第50条第2款创设了少数民族非物质文化遗产事先许可积极控制权，规定对"未归类"文化财产的营利性复制须获相关主管机构特别许可。而1999年修订的《班吉协定》则扩大事先许可的客体和行为范围。新协定第73条第2款第1项将旧协定第50条第2款的客体扩展至各类文化财产，行为扩展至出版与发行行为，第73条第2款新增第2项规定："文化资产"构成国家文化遗产的要素，公开朗诵、公开表演、有线或无线方式的传输，以及任何其他方式向公众传播的行为都须取得主管机构的事先许可。《班吉协定》作为目前唯一生效的区域性法律，对事先许可积极控制权的确认，具有重要的实践价值和参照意义。事先许可积极控制权最新的区域性立法是2002年太平洋地区《保护传统知识和文化表达示范法》。该法第5条第（2）款规定："对传统知识及传统文化表现形式的使用须……征得传统所有人的事先知情同意"，该规定再次印证了区域性组织对确立事先许可积极控制权的努力。

3. 事先许可积极控制权的国际立法

事先许可积极控制权的国际立法始于WIPO – UNESCO1982《保护民间文艺表达示范条款》。该法第3条的标题为"须取得许可的使用"，规定"除非属于第4条的例外情形，以下对民间文艺表达的使用行为若出于营利目的且在其他传统或习惯环境之外进行，则必须取得［第9条第1款所指的主管机构］／［相关社群］的许可"。该条对民间文艺表达使用许可的规定首次在国际法层次创设了少数民族非物质文化遗产特别知识产权的事先许可积极控制权。事先许可控制权国际化的生效立法是1992年《生物多样性公约》，该公约在第8条（j）款中规定："依照国家立法，尊重、保存和维持土著和地方社区体现传统生活方式而与生物多样性的保护和持续利用相关的知识、创新和实践并促进其广泛应用，由此等知识、创新和实践的拥有者认可和参与下并鼓励公平地分享因利用此等知识、创新和做法而获得的惠益。"其中"认可和参与"的表述体现了使用控制权利。2000年5月通过的《生物多样性公约》第五次缔约国大会第5110号决议则明确将授予事先许可控制使用权。该决议规定："获取土著和当地社区的传统知识、创新与实践必须获得这些知识、创新与实践持有者的事先知情同意或事先知情认可。"

（二）事后禁止的消极控制权模式

事后禁止的消极控制权赋予传统知识权利人对他人不正当和非法使用传统知识的反对权，而他人使用传统知识则是自由的。

1. 事后禁止消极控制权的国家立法

已有立法保护传统知识特别知识产权的国家中，事后禁止消极控制权的创设占少数。代表性国家立法有1997年《墨西哥联邦版权法》第158条和第159条。巴拉圭、越南、阿塞拜疆等亦有类似规定。

2. 事后禁止消极控制权的区域性立法

事后禁止消极控制权的区域性立法目前仅有1977年《班吉协定》，该协定附件七第一编标题为"版权"，第8条第4款规定对民间文艺的"改编"或是对借用自民间文艺的元素的"使用"都须通知相应的版权管理机构。第8条第（5）款规定了使用民间文艺得到的版税收入的使用目标及分配方式。第36条规定使用民间文艺及公有领域作品者须向国家主管机构支付版税，其数额根据该使用带来的收益计算。

1977年《班吉协定》附件七"版权"对少数民族非物质文化遗产的使用无许可限制条件，仅需事先通知并付费，实际上是权利人事后禁止的消极控制权。但1999年修订的《班吉协定》取消了使用少数民族非物质文化遗产的事先通知义务，仅在第59条保留了公有领域付费制度。

（三）积极模式与消极模式相结合的平衡模式

针对积极权利模式和消极权利模式的冲突，WIPO关于遗传资源、传统知识、民间文艺与知识产权政府间委员会（IGC）在这两个相反的意见中寻求平衡。2006 年 WIPO – IGC 第九次会议通过了《关于保护传统文化表现形式/民间文学艺术表现形式（TCES/EOF）的目标与原则（修订)》①。该文件提出了积极权利模式与消极权利模式相结合的平衡保护。

WIPO/GRTKF/IC/9/4 附件政策目标与核心原则在第一部分"目标"中，一方面从权利人角度确认承认价值、增进尊重、满足各社区的实际需求，制止滥用，对各社区赋予权利，另一方面又从使用人角度确认促进思想与艺术自由，研究与文化公平交流，有助于文化多样性，鼓励社区发展与合法贸易活动，预防无效知识产权，增强确定性、透明度和相互信任。在第二部分"一般性指导原则"提出了平衡原则，一方面从权利人角度确认反映相关社区的愿望和希望的原则、对文化表现形式的具体性质和特点予以承认的原则、尊重原住民或其他传统族群的权利义务的原则、尊重 TCES/EOF 的习惯使用和传播方式的原则；另一方面从使用人角度确认利益均衡原则，尊重并与其他国际和地区协议或文件相协调的原则、灵活和全面的原则、保护的有效性和可获得性原则。在明确权利人和使用人利益平衡的目标和基本原则基础上，文件第三部分实体性条款第 3 条根据少数民族非物质文化遗产客体的不同类型创设了平衡保护模式。

（1）事先许可控制权的客体范围。文件对具有特殊价值或重要性的 TCES/EOF 和秘密的 TCES/EOF 创设了事先许可积极控制权。文件第 3 条第 1 款规定对具有特殊价值或重要性两类 TCES/EOF 的使用行为须事先许可。（A）对非文字、标志、名称和符号类的 TCES/EOF，包括"复制、出版、改编、广播、公开表演、向公众传播、发行、出租、向公众提供和固定（包括照相）TCES/EOF 或其他派生形式；对 TCES/EOF 或其派生形式的任何使用，未以某种适当方式注明该 TCES/EOF 所来源的社区；任何与 TCES/EOF 有关的歪曲、篡改或其

---

① 管育鹰：《知识产权视野中的民间文艺保护》，法律出版社 2006 年版，第 250—263 页。

他修改，或其他相关的贬损行为；获得或行使TCES/EOF或其派生形式之上的知识产权的行为"。（B）对文字、标志、名称和符号类的TCES/EOF或其派生形式的"任何使用以及获得或行使建立在其上的知识产权的过程中，贬低、冒犯或虚假暗示其与相关社区相关联或使该社区声誉遭受侮辱和诋毁的行为"。文件第3条第3款规定对秘密的TCES/EOF使用亦须事先许可，"应采取适当而有效的法律措施和习惯做法，以确保社区能够制止未经授权公开，使用并获取和行使在秘密的TCES/EOF之上的知识产权的行为"。

（2）消极权利客体范围。文件对事先许可权范围外的其他TCES/EOF创设了事后消极控制权利。文件第3条第2款规定确保，（A）"相关社区被确认是任何源于TCES/EOF的作品或其他产品的来源地"；（B）"任何与TCES/EOF有关的歪曲、篡改或其他修改及贬损行为，可加以制止并/或给予民事或刑事制裁"；（C）"任何在商品或服务做出虚假、混淆或误导性表示或说法，指向、接近或唤起相关社区的TCES/EOF以表示得到该社区的认可或与之有联系的行为，可加以制止并/或给予民事或刑事制裁"；（D）"以营利为目的的使用或利用，应与相关社区磋商并达成得到第4条所指机构确认的关于公平补偿或利益分享的条款。"

二　权利主体

权利主体是法律关系中权利享有者，决定法律利益的归属。传统知识特别知识产权利益主体具有多元性，外部包含全人类利益和国家之间的利益，内部包含国家、传统群体、民族、族群、社会与个人利益。已有传统知识特别知识产权立法对主体的确认有三种模式。

（一）国家享有所有权和控制权

仅有极少数国家确立国家享有传统知识特别知识产权所有权与控制权一体化的主体地位。代表性国家是非洲地区的莫桑比克，拉丁美洲的巴巴多斯和多米尼加。

(二) 传统群体享有所有权，国家行使控制权

大多数立法确立传统群体享有传统知识特别知识产权的所有权，而由国家行使控制权。非洲地区代表性立法如2000年《喀麦隆版权与邻接权法》第5条第2款规定："为营利目的而传播、直接或间接地将民间文艺固定化，都需取得文化主管部门的许可。"1996年《科特迪瓦保护知识作品与作者、表演者、录音录制作者》第8条规定："民间文艺的利用权由该法第62条规定的作者集体管理机构行使。"1994年《突尼斯文学与艺术财产法》第7条规定："民间文艺为了营利性利用而进行的任何复制都应取得文化部的许可。"1999年《尼日利亚版权法》第29条规定由尼日利亚版权委员会许可民间文艺的使用行为。拉丁美洲地区代表性的立法如1997年《墨西哥联邦版权法》第161条规定由墨西哥版权协会确保大众文化保护的实施。1998年《巴拉圭版权与邻接权法》第83条规定："国家负责保护民间文艺表达免受滥用或损害其完整性。"南太平洋地区代表性立法如2000年《巴布亚新几内亚版权与邻接权》第五章第30条第4款规定由国家制定的主管机关行使许可权。亚洲地区代表性立法如2002年《印度尼西亚版权法》第10条第3款规定："使用民间文艺与大众文化作品由相关机关许可。"代表性的区域性立法如1978年《突尼斯发展中国家版权示范法》第6条规定民间文艺的使用由主管机构许可。代表性的国际立法有1982年WIPO–UNESCO《保护民间文艺表达示范条款》第3条使用民间文艺需获得主管机关或相关社区许可。1971年《伯尔尼公约》第15条第4款（a）项规定："该国法律的制定主管当局代表该作者并有权维护和行使作者在同盟成员国内之权利。"

(三) 传统群体享有所有权和控制权

有极少数国家和部分区域性与国际立法确立了传统群体享有所有权和控制权的一体化主体地位。代表性国家立法有2000年《瓦努阿图版权与相关权法》第42条和1994年《纳米比亚版权和邻接权保护法》第62条，均规定传统群体享有所有权与控制权。区域性代表立法有2002年太平洋地区《保护传统知识和文化表达示范法》第6条及第

7条第2款。2006年WIPO-IGC《关于保护传统文化表现形式,民间文艺的艺术表现形式(TCES/EOF)的目标与原则》(修订)第4条权利管理(a)项规定:"在授权使用TCES/EOF之前,如本文有规定的,应直接向有此愿望的相关社区……获得授权。"

三 权利内容

权利内容是利益实现程度。已有传统知识特别保护立法对权利类型与范围的规定有三种模式。

(一)权利类型

传统知识有精神和经济双重利益。传统知识权利类型包括单一精神权利、单一经济权利、双重经济权利和精神权利三种模式。

1. 单一精神权利类型。墨西哥、马其顿、阿塞拜疆等少数国家提供传统知识的精神权利类型保护。如保护作品完整权和表明来源权,对传统知识的经济利益则是自由使用的。1997年《墨西哥联邦版权法》第150条规定:"禁止为玷污以上(大众文化)作品或损害其所属的社群或族群的声誉或形象而对其进行歪曲。"第160条规定:"在对大众文化相关作品的固定、表达、出版、传播或其他任何使用行为中,应提及此类作品所属的社群、族群或地区(在适当的情形下)。"而第159条规定只要不违反相关规则,对大众文化作品的使用是自由的。2003年《阿塞拜疆民间文艺表达保护法》亦作了类似规定。

2. 单一经济权利类型。有少数国家和区域性组织仅提供单一经济权利类型。主要代表性国家有突尼斯、加纳、喀麦隆、莫桑比克、巴拿马等和1977年的区域性立法《班吉协定》。如1994年《喀麦隆版权与邻接权法》第5条,2000年《巴拿马土著社群权利的特别知识产权法》第15条,1999年修订后的《班吉协定》中版权保护部分。

3. 双重精神权利和经济权利类型。多数国家和区域性组织及国际性组织采纳了双重精神权利和经济权利类型。

(二)权利范围

权利范围决定权利控制广度。对传统知识中民间文艺的利用行为理论上包括复制（录制、出版）、演绎（改编、翻译、制片）、传播（公演、广播、朗诵、发行、放映、有线转播、出租、展览）等。对传统知识的利用行为理论上包括制造、销售、许诺销售、进口等。已有传统知识特别保护立法的权利范围因积极许可权和消极许可权而具有不同方式。

1. 积极许可权的权利范围分为部分控制行为、全部控制行为和折中控制行为三种。少数国家采用部分控制行为立法，代表性的国家有突尼斯（控制复制、转让）、喀麦隆（控制传播、固定化）、科特迪瓦（控制复制、公开表演）；采用全部控制行为的为大多数立法，基本涵盖理论上所有的复制、演绎、传播等利用行为。采用折中行为的为少数立法，代表性的立法是1982年WIPO – UNESCO示范法、1999年新《班吉协定》文化遗产保护部分、马拉维与坦桑尼亚等。上述立法未包括演绎行为。

2. 消极防御权的权利范围。消极防御权的权利范围现有立法基本涵盖全部利用行为。而越南立法配套条例仅控制研究、汇编与介绍行为。

四　简要评析

（一）权利性质的选择

已有传统知识特别知识产权保护立法都赋予权利人控制权。差异性在于控制权的程度有绝对强度、相对弱度和强弱度折中三种性质。绝对强度权利性质能事先积极、主动、完全、充分和有效控制传统知识的获取、使用与利益分享，相对弱度权利性质仅能事后消极、被动、部分、有限、弱化控制传统知识的获取、使用与利益分享。而强弱度折中权利性质区别对待的标准难于统一和科学确定，不符合传统知识整体性和生态多样性价值状态。传统知识具有历史、语言学、文化人类学、民俗学研究价值[①]，为避免对传统知识任意自由获取和使用且

[①] 吴正彪：《苗年》，贵州民族出版社2011年版，第122—138页。

无利益分享，导致对传统知识的精神歪曲、滥用，甚至异化消失和经济利益被无偿利用的利益失衡状态，应确认传统知识特别知识产权的绝对强度权利性质。

(二) 权利主体的确认

已有传统知识特别知识产权保护立法在主体确认方面也存在差异。单一的国家所有权与控制权体现了传统知识利益的公共性，但无法体现传统知识私权性。传统族群享有所有权与国家行使控制权多重主体体现了公共性与私权性共享，但传统族群所有权被弱化导致利益无法实现。单一的传统族群所有权与控制权主体体现了传统族群作为传统知识创造与传承、创新者的地位，符合"创造性活动是权利立法的源泉"的知识产权原理。传统知识特别知识产权的权利主体应是单一的传统族群所有权与控制权一体化主体。

(三) 权利内容的确立

已有传统知识特别保护立法权利类型存在差异性。单一精神权利类型仅保护精神利益，忽视经济利益；双重精神权利与经济权利类型兼顾精神利益和经济利益，符合传统知识智力成果精神与经济利益的双重性。已有传统知识特别知识产权立法在权利范围方面亦存在差异，消极防御权模式无法有效预防对传统知识的不正当利用，积极许可权模式中采用部分控制行为和折中控制行为的立法模式无法控制演绎等不正当利用和歪曲滥用传统知识的行为。积极许可权全部控制复制、演绎、传播等行为模式，能有效预防不正当利用和歪曲滥用传统知识的行为。立法应采用积极许可权全部控制复制、演绎、传播等行为模式。

第四节　国内外传统知识的法律保护比较评析

我国的非物质类知识产权的保护起步较晚。其法律制定，究其源起是基于我国作为联合国《保护非物质文化遗产公约》的缔约国，践行其相应义务。于社会进程而言，我国很长一段时期是本着"经济建设为中心"，在全民文化意识层面对非物质文化遗产的保护价值和意义认识不足。于社会主流意识而言，以经济建设为中心的过程中，是始终将文化一环作为辅佐和陪衬的地位的。诸如"文化搭台，经济唱戏"一类宣传口号一度盛行。

以全球视角来看，这样一种状态并不足为奇。参看其他国家对文化遗产的保护进程，文化保护意识的形成和改变、提高都与其经济基础有密切关系。于联合国教科文组织对文化遗产的保护诉求历程来说，即便是其在20世纪70年代即提出对"非物质文化遗产的保护"，而直到80年代中后期才对所定义的"非物质文化遗产"做出明晰的界定。联合国自70年代主张的文化保护，其保护范围及力度的提高是有时间脉络可寻的，其中，我们可以看到人类对文化遗产的理解和认识，文化意识之增长是逐步渐进的。这种认识渐进或由人类科技进步、工业文明的壮大、物质与精神生活的和谐失衡所促成。在物质日渐丰富的当代，人类数千年来所期盼的"美好世界"并未能降临。这也正是本书一再提及的费孝通先生的一个问题：富了之后怎么办？

基于对文化的认识逐步加深，对文化遗产的保护自"有形遗产"的保护再到对"无形遗产"的保护，这种保护意识的拓展和延伸的确需要一个必然的过程。在这一文化意识转变的进程中，邻国日本、韩国走在了我们前面。这方面的"落后"或于我们这样一个"非物质文化遗产"丰富的国家而言，亦不乏积极的一面，即我们可以借鉴比较其他国家于此类保护中的各种做法，从而尽量避免一些不必要的缺漏，少走，甚至不走弯路。基于学习比照提高的目的所在，在细节对照中，也就无须过多溢美之词了。我国的非遗法于2011年6月开始实施。在其制定过程中，就已经对周边国家的相应法律制定、实施情况进行了参考比照，且选取了日韩的非物质文化遗产保护模式，即通过法律，利用行政力量及动员社会力量，对无形的"非遗资产"予以保护，而非备受争议的突尼斯模式。

在上一章节，笔者已经对国际上对传统知识保护相关法律的模式起源及变迁做出宏观上的罗列和评析。在这里我们有必要针对性地在微观上做进一步的探寻。

一 日本的文化财保护法

日本的非物质文化遗产保护是全世界开展的最早的。不仅如此，其"文化财保护"的诸多主张对联合国教科文组织的相应公约的制定，起到过极大的影响和推动作用。广西民族艺术研究院院长、《民族艺术》主编廖明君提过：巴莫曲布嫫博士曾经撰文讨论过"口头与非物质文化遗产"这一概念的有关问题，她指出这个概念实际上是来源于日本的"无形文化财"概念。日本政府通过向联合国教科文组织施加影响，从而把他们有关"无形文化财"保护的一些理念推销到了全世界。[①] 即便如此，令人费解的是，在诸多书籍、文论中，找不到该法律的具体条文中文版。笔者只能做简单罗列，随后对其总则及少数章节自英文版做简单注释。

日本的《文化财保护法》共有7章112条，连带18条附则，共计130条。

第一章总则。明确了立法目的，对"文化财"做出定义。确定保护实施者，政府、地方的公共团体责任。

第二章规定国家行政主管部门文化财保护委员会及其附属机构的组织建构及相应的责权利。

第三章主要针对有形文化财（略）。其中，第三章之二内容，多是无形文化财内容。包括对无形文化财的认定，及其保有者、保持团体的认定、保存展示、记录档案及制作经费。这其中款项，将无形文化财分类为"重要的无形文化财"和"无形文化财"两部分。第三章的第三部分着重侧重民俗文化财，并将民俗文化财划分为"重要有形民俗文化财"和"重要无形民俗文化财"两部分，分别相应作出认定、管理、展示、持有人的权利和义务及继承、经费等。

[①] 廖明君、周星：《非物质文化遗产保护的日本经验》，《民族艺术》2007年第1期。

第四章主题为埋藏文化财。

第五章为史迹名胜及天然纪念物。值得注意的是这一章提到的对"文化财保护审议会"所承付的职责、享受的权力、义务及成员组成的规定。

第六章补则。

第七章为罚则。

为更详尽理解其保护法的立意，不妨仔细关注其法律的目录及总则部分：

CHAPTER Ⅰ 总则（条款 Articles 1 to 4）

CHAPTER Ⅱ 已删除（日本文化财保护法多经修订，此援引总则部分是2002年8月修订版）

CHAPTER Ⅲ 有形文化遗产

Section 1. 重要的文化遗产

Subsection 1. 名称（Articles 27 to 29）

Subsection 2. 监护（Articles 30 to 34）

Subsection 3. 保护（Articles 34 *bis* to 47）

Subsection 4. 公开展示（Articles 47 *bis* to 53）

Subsection 5. 调查研究（Articles 54 to 55）

Subsection 6. 其他规定（Article 56）

Section 2. 注册的有形文化遗产（Articles 57 to 69）

Section 3. 重要文化遗产和注册有形文化遗产外的其他有形文化遗产（Article 70）

CHAPTER Ⅳ 无形文化遗产（Articles 71 to77）

CHAPTER Ⅴ 民间文化遗产（Articles 78 to 91）

CHAPTER Ⅵ 宝藏（Articles 92 to 108）

CHAPTER Ⅶ 历史遗址，名胜古迹（Articles 109 to 133）

CHAPTER Ⅷ 重要的文化景观（Articles 134 to 141）

CHAPTER Ⅸ 传统建筑群保护区（Articles 142 to 146）

CHAPTER Ⅹ 文化遗产的保护方法（Articles 147 to 152）

CHAPTER Ⅺ 与文化事务理事会的磋商（Article 153）

CHAPTER Ⅻ 补充性法规

Section 1. 公开听证会和异议声明（Articles 154 to 161）

Section 2. 国家相关特殊规定（Articles 162 to 181）

Section 3. 地方政府与其教育委员会（Articles 182 to 192）

CHAPTER ⅩⅢ 刑事法规（Articles 193 to 203）

总则

条款 1：本法规的目的

本法规的目的是为了保护和利用文化遗产客体，以此提高国家的文化质量，从而对世界文化发展做出贡献。

条款 2：文化遗产的定义

本法规中的"文化遗产客体"应为以下：

（1）对日本具有重大历史或艺术价值的建筑、绘画、雕塑、应用手工艺、书法作品、古典书籍、古代文献和其他有形文化产品（包括与此客体结合创造此价值的陆地或其他实体），考古和其他具有重大科学价值的历史资源（以下称为"有形文化遗产"）；

（2）对日本具有重大历史或艺术价值的戏剧、音乐、应用艺术和其他无形文化产品（以下称为"无形文化遗产"）；

（3）（i）与食品、服装和家居、职业、宗教信仰和每年一度的节日有关的行为和风俗等；（ii）民间演出艺术；（iii）民间绝技；（iv）理解日本生活模式变迁不可或缺的服装、器具、房屋和其他实物（以下称为民间文化遗产）；

（4）（i）对日本具有重大历史或科学价值的贝丘遗址、坟墓、要塞首都遗址、堡垒遗址、城堡遗址、纪念碑遗址和其他遗址；（ii）对日本具有重大艺术或审美价值的园林、桥梁、峡谷、海岸、山峰和其他风景名胜；（iii）对日本具有重大科学价值的动物（包括它们的栖息地、繁殖地和踪迹）、植物（包括它们的自身繁殖地）、地质特征和矿产（包括出现被认可的特殊自然现象地区）（以下称为遗址）；

（5）理解日本生活模式或行业变迁不可或缺的被人类生活、行业或主导性风气创造的景观（以下称为"文化景观"）；

（6）结合其环境，产生特定的历史布局的高价值传统建筑群（以下称为"传统建筑群"）。

2. 本法规规定的术语"重要的文化遗产'客体'"应包括"国家宝藏"（包括 Articles 27–29，Article 37，Article 55 paragraph 1 Item (4)，Article 153 paragraph 1 Item (1)，Article 165，Article 171 和 'additional rules' Article 3 除外）。

3. 本法规规定的术语"历史遗址、风景名胜和自然遗址"应包括特殊历史遗址、风景名胜和自然遗迹（Article 109，Article 110，Article 112，Article 122，Article 131 paragraph 1 Item (4)，Article 153 paragraph 1 Items (7) and (8)，Article 165 和 Article 171 规定除外）。

条款3：政府和地方政府的责任

政府和地方政府应认可文化遗产对正确理解日本历史和文化不可或缺并为未来文化发展的基础，真诚努力达成本法规的目的，确保文化保护正确实行。

条款4：大众和文化财所有者的态度

1. 普通大众应忠实地配合政府和地方政府的具体措施，以达成本法规之目的。

2. 文化遗产的所有者和其他相关人员应认识到文化遗产是珍贵的国有资产，应为大众用心保护，努力提高它的文化利用率，如对公众开放参观。

3. 在本法律执行过程中，政府和地方政府应尊重相关人员的所有权和其他财产权。

作为在非物质文化遗产保护上领先于世界的日本——且确是在此保护模式、方式上取得世人瞩目成功——我们有必要对其法律条款进行深入解读，借此达到他山之石可以攻玉之目的。

二 我国《非遗法》与《日本文化财保护法》的比较

《中华人民共和国非物质文化遗产法》由中华人民共和国第十一届全国人民代表大会常务委员会第十九次会议于2011年2月25日通过、公布，自2011年6月1日起施行。共分为6章45条。比照日本130条的文化财保护条款，我国的《非遗法》确显粗疏，其条文似过分理论化、抽象化，进而在实施过程中可操作性比较弱。

首先，我们对两部法律的总则部分做简单比较。

日本在其总则的第一条是这样做出该法律制定的目的诉求的：本法规的目的是保护和利用文化遗产，以此提高国家的文化质量，从而对世界文化发展作出贡献。这种目的申明，确与联合国的非遗公约宗旨相呼应：联合国非遗保护公约宗旨中阐述其目的，其中第四条："开展国际合作和国际援助"，这与日本所陈述的"为世界文化发展作出贡献"，两种诉求十分吻合。这也体现了日本文化遗产保护价值观——如前文所述——对联合国公约制定的影响和推动。

反观我国《非遗法》的总则第一条："为了继承和弘扬中华民族优秀传统文化，促进社会主义精神文明建设，加强非物质文化遗产保护、保存工作，制定本法。"该文目的性诉求似嫌冗赘，且于"优秀"一词的界定，注定会引发诸多分析。事实上，因时代差异，我们很难对非物质文化遗产做出优秀与否的法律认定。而以联合国公约于文化遗产保护的主要目的，是加强文化和人类文化的多样性——文化多样性是人类文明的显著特征，且为人类进步的重大推动力。以法律条款界定文化的优劣，势必造成法律具体施行的障碍：由谁来界定？依照哪种标准来界定？我们如何以现代文明的价值观，去衡度数千年时间跨度下如此广阔地域中的各种传统遗存？即便设立机构、动员社会力量，面对我国多民族和悠久历史沉积下的如此丰富的非物质文化遗产资源，其优秀与否的界定，势必成为法律实施的大障碍。比照日本"提高国家文化质量"——其简洁而避免歧义。"为世界文化发展贡献力量"则更切合全球视角下保护非遗资产的终极目的：维护人类文化及其多样性。

比照两部法律总则的第二条，会发现日本对文化遗产的保护范畴更大，且更明晰。这与日本于文化遗产保护的悠久历史和其反复修订有关。于此，作为一个起步较晚、文化意识相对较弱的国家而言，笔者觉得我国非遗法总则第二条第六小项"其他非物质遗产"亦不失为好办法，只是如果对这泛泛的条文做出相应解释，或许更好些。当然，其含混的存在固然给一些文化遗产的认定带来麻烦，同时或于一些理应被保护的客体倒是多一线生机。

比照双方第三条的差异。日本该法条更多侧重对政府、地方政府的约束，而未把政府作为文化遗产的判定指正者。这一点是基于其第二条款以法律明晰界定了文化遗产的范畴。反观我国相应条文，将"国家"作为保护实施的主体，其于法律条款而言，确显含糊、指代不清。这个"国家"具体是什么？政府？抑或其他行政、司法部门？我国非遗法于法律实施主体的含糊会给其效果带来极大衰减——比照日本于法律实施主体的明确——且以其第5节54、55条款为例：

第5节　调查研究

条款54：对保护（保存、保留）目的的调查

当文化事务总管认为有必要时，可以要求"重要文化遗产"客体的所有者、负责的经理人或管理机构报告"重要文化遗产"客体的现状，或其管理、修复或整体环境的情况。

条款55：在以下任何情况下，当文化事务总管在面对条款54中所提供的全部报告信息和文件的情况下，无法确定一个"重要文化遗产"的特殊客体的情况，而且似乎无法通过其他途径得到确认，那么他可以指定一个调查人并令其进入该客体所在的区域就地调查现状或其管理、修复或整体环境保护情况：

（1）已书面提交改变"重要文化遗产"客体现状或任何影响其保护的行动申请，在等待许可时；

（2）当"重要文化遗产"客体被破坏或其现状或位置被改变时；

（3）当"重要文化遗产"客体存在被摧毁、破坏或盗窃风险时；

（4）当"国家宝藏"或"重要文化遗产"需要被重新评估其资格时。

从中我们看到，日本于文化财保护中，有明晰的机构及至岗位，且于其行使权力范畴有详尽的指定。这对法律实施是一种必须。这点十分值得我们借鉴。

我国非遗法总则第三条，我们曾于前文做过细致分析，此处不再重复。

总则第四条。《日本文化财保护法》，于此申明了大众的权利及责任，清晰明了。我国于此内容只是说鼓励，且鼓励、奖励的标准都没有涉及。

以上，仅此立法诉求等方面对我国非物质文化遗产法和《日本文化财保护法》做了简单比较，其差距还是明显存在的。

三 我国传统知识保护的地方立法

在言及我国文化意识相对薄弱的同时，土家族传统知识保护领域的领先行动十足叫人兴奋。就传统知识保护的地方法规制定而言，恩施土家族苗族自治州自2003年开始制定《恩施土家族苗族自治州民族文化遗产保护条例》，且于其后由湖北省十届人大第十四次常委会通过正式实施；2005年8月湘西土家族苗族自治州十一届人大常委会第二十三次常委会审议《湘西土家族苗族自治州民族民间文化保护条例》草案；2006年湖北颁布、实施《长阳土家族自治县民族民间文化保护条例》。如上地方法规的制定、实施无不反映出土家族人民的文化意识觉醒。这些法规的制定背后，我们可以想象到一些有识之士的呼吁和推进，同时，也必不可少土家族人、土家族传统知识的拥有者基于对自身文化的深厚情感，自发自觉地积极努力。

下面以《长阳土家族自治县民族民间文化保护条例》为例，与其他法律做一比较。

长阳条例的总则第一条申明了制定该条例的目的：保护、继承和弘扬民族民间传统文化，促进自治县经济和社会发展，根据国家宪法和有关法律、法规的规定，结合自治县实际，制定本条例。

这里我们注意到，其制定诉求中对民族民间文化并无任何限定，进而避免了《中华人民共和国非物质文化遗产法》对文化一词的冗赘限定而产生的歧义及误解误读。

在这样开明宗义的申述下，长阳条例就以法律形式更广泛地界定了民间文化的范围，其第二条第七款明确指定文化保护涵盖"白虎神、向王天子、自然崇拜等民族信仰"；第八款继上一条款，拓展保护范畴："与上述传统文化表现形式相关的代表性原始资料、实物、场所"。

长阳条例的第四条最是亮丽：自治县民族民间传统文化保护工作，实行保护为主、抢救第一、合理利用、传承发展的指导方针，确保民族民间传统文化保护的真实性和整体性，防止对民族民间传统文化的误解、歪曲或者滥用，使民族民间传统文化得到确认、尊重或弘扬。

这一条例是对《中华人民共和国非物质文化遗产法》第三条有关保护、保存、利用之间关系的最合理解读。

通观长阳条例，确有很多精彩的地方，也同样有所遗憾。比如，比照《日本文化财保护法》，对"传承人"的认定，似嫌粗疏，对传统知识的认定、记录、保留的具体规范指导尚欠详尽制度化，于保护资费的投入及其审核、应用及相应流程中的各种奖惩条款缺失，等等。比照日本相应法律及一些法规条款，我国地方法规于传统知识产权保护的作用仍有上升空间。

四 国外对我国传统知识法律保护的经验启示

在全世界有关传统知识的保护问题上，以突尼斯、美国模式为代表的将传统知识的保护完全诉诸法律办法备受诟病。于文化保护的目的而言及相应的保护效果来说，日韩以法律指导下的通过行政法规对传统知识的知识产权进行保护的模式，相对而言确是要好一些。只是这其中于传统知识而言，很容易遭受到行政权力侵蚀，进而在被受到保护中，反遭破坏，且这种保护模式所消耗的大量资金，其经济代价也令地方政府丧失保护的积极性，进而影响到有效实施。

在涉及我国传统知识知识产权的法律保护时，我们一再提及对世界其他地域相应法律制定、执行及实施效果做出比照参考及至学习。这其中就包括对最早制订相应法律的突尼斯保护模式更加关注：毕竟世界知识产权组织和联合国教科文组织在1976公布的，为发展中国家传统知识产权保护的《发展中国家著作权保护的突尼斯示范法》给我国的相应立法带来过影响，且一直被一些学者所推许。问题在其后，突尼斯本国对该法的实施效果并不理想，且其将权益所有人全部划归于政府的做法及对其后世界主流认知的"作品""作品表达"的含混，带来诸多问题。

我国的《著作权法》制定后，国家版权局协同相关部门，曾于1996年起草《民间艺术作品著作权保护条例》第一稿，并加以修订，但是一直没有被通过，其缘由多多，只是于其草案而言，国家版权局确是希图依托于突尼斯模式对我国的民间文学艺术予以著作权保护的思路还是清晰可见的。这一点与时间的变化、世界主流对传统知识知识产权保护的认识变化、进步有关。同时，一个不可忽视的原因应该是与我国政府对文化意识及至文化自觉——进而文化自信、文化立国的文化理念的变化密不可分：以法律功利性的本质特质而言，在联合国公约业已公布，且我国已经开始改变此前于非遗保护的目的性犹豫：保护传统知识产权的目的断非是为了经济利益，而是基于对本民族文化的深刻认识，传统知识知识产权保护的特点和《著作权法》相应概念的法律界定之间难以调和的矛盾，以及突尼斯示范法在施行过程中的诸多不可避免的疏漏，作为联合国《保护非物质文化遗产公约》的缔约国，放弃对突尼斯模式的效仿该是明智之举。

在比较突尼斯示范法相应利弊同时，要考虑到法律实施主体及法律制定的时间变化，认识到很多学者对1971年巴黎文本的《伯尔尼公约》第十五条第四款"对作者不明的著作权保护"规定的揣度的误区，在探寻一种于传统知识知识产权保护的"特别办法"时，是基于现有法律框架的实际可能性前提下，借鉴我国一些地方立法特色，对传统知识辅以完善保护。

本章小结

1832年，伟大的浪漫主义作家维克多·雨果曾公开发表过一篇文章《向文化的破坏者宣战》。在文中，作家以激越的口吻呼喊："为法兰西民族性立法；为怀念立法；为大教堂立法；为人类智慧最伟大的作品立法；为我们父辈的集体成果立法，为一个国家前途之外最神圣的东西立法……"

近200年时间过去了，我们依旧可感知这位先贤对文化保护之热切、对故国文化感情之真挚。他的呼吁代表着世界主流主知识界的远见卓识：工业文明在带给人类巨大物质文明的同时，顺带着在毁掉人类数千年来所积存的文化硕果。而于此权衡取舍之中，依托于法律对那些古老文化进行制度化的保护已经是刻不容缓。

20世纪50年代，经历过第二次世界大战的人类在不断反省：为什么如此前所未有的物质丰盈，并没有给人类带来他们企望已久的幸福生活？适如费孝通先生在审视欧洲国家的诸多社会难题、人类困窘时所作出的判断：创建高度物质文明的西方人并没有适应其所创造的精美环境：战争、种族歧视、人际间的隔阂、冷漠；抑郁、焦躁各种精神类疾病的爆发；酗酒、毒品、犯罪问题严重困扰着人类，凡此等等问题，断非科技进步、经济昌盛所能解决。以费孝通先生的认识，西方人文学者通过对文化根基的探源溯流，借以更清楚地对本族群历史文化加强认识，走出精神困境的道路是一条正确选择，进而他才提出了"文化自觉"这一概念，也只有通过文化自觉，才能实现我国近年来所倡导的"文化自信"。而这一切的基础，首先就是对文化遗产包括无形的民族传统知识进行充分的保护。且自雨果一代先贤就已经能够理解这种保护的艰难，唯如此他们一再呼吁对这些文化遗产的法律保护。

从最早开启保护的日本，到全世界围绕着联合国公约而制定的各种法律法规，固然于全面保护上存在着各种疏漏、不足，但是我们更应该看到的是，这与民众以及少量学者、传统知识持有人完全自发的自觉保护比较而言，其效用是更为显著的。与此同时，我们抛开成见，端正态度，多多类比参研各种法律条例中的优异之处，及至观察评析其实施状况及施行效果，提高我国于法律制定、修订及至体系完善各方面对传统文化、传统知识的切实保护。于此基础上，对这些民族文化瑰宝予以审慎对待，针对性地保留、保护、宣介、开发利用以及弘扬。

基于我国文化意识的相对淡薄，以及前些年诸如"文化搭台，经济唱戏"这类思维的惯性必然，"传统文化知识产权"在现行法律保护条件的诸多困窘，切实虚心学习比照于这方面表现优异的国家、地区的法律制定及施行，对我国现有法律的进一步推敲、修订、完善，确为必要。承认差距才能更好地做出改变，参看我国一些少数民族地区的地方法规的制定，还是能看到全民文化意识的提高。文化保护、非物质文化遗产的保护，是长期的过程，需要多方面的努力。以法律保护为依托，更多的宣介、理论发展，更多的田野调查及至更多的资金投入都是不可或缺的。

我国的知识产权保护起步较晚。这一点可能是与经济变化进程相关联。适如毕生"志在富民"的费孝通先生所说：人们并不会满足于温饱，吃饱了之后会有更高层的生活要求。在全民以温饱为诉求的年代，对民族知识产权的保护，确是缺乏重视。且于其温饱进程中，文化知识始终处于附属地位，其唯一价值似乎仅仅局限于经济的利用价值。冯骥才先生在其《为文化保护立言》一书中，也提及过这一现象。他说：……经济社会已经是常用概念了；经济社会似乎成了我们的社会属性。这个概念源自"经济建设为中心"这一治国方针，这一提法固然较之上一历史阶段"以阶级斗争为纲"的政治社会要进步得多，这种方针给我国经济发展及社会生产力以巨大的激发，带来了中国社会至今方兴未艾的繁荣和空前强盛。冯先生在肯定经济建设成就同时，提出过如下问题：我们的社会只有经济属性么？我们的国力只能表现在物质性方面么？我们的种种社会问题，只能够用增强经济来解决么？在提出这几个疑问后，他阐述了自己的认识，他认为近年来诸多领域的诸多概念如文化、教育、法治、网络、软实力……纷繁概念的焦点，无不是：文明。包括人们关切的人际关系、行为准则、法治自觉、教育目的、社会风气都不外于社会文明——唯独一个物质昌盛、人际关系和谐、教育程度高、社会平等、遵守公德……即文明成为社会群体的共同追求的社会，于国家而言才是强大的凝聚力和软实力所在。文明应该是国家价值观的核心内涵。

1993年，诺贝尔经济学奖的获得者道格拉斯·诺斯教授于经济学领域提出"途径依赖"概念。他认为这个概念于社会制度、经济模式而言，有类物理学中惯性，即事物一旦进入某一路径，即对该路径产生依赖。诺斯教授依托这一制度变迁的轨迹描摹，解释了一些国家经济兴盛衰败的制度问题。这个概念于社会学、人类学领域，亦可为借鉴：在我们谋求民族知识文化产权保护的过程中，该如何摆脱此前的"文化搭台，经济唱戏"思维，而彻底回到明晰其保护的切实价值和意义上来，也就是冯先生所谓的建设一个文明社会的愿景上来。

基于如上表述，在相对落后于时代进步的民族文化知识保护上，有必要在法律保护层面上，深入了解、比较分析国外相应法律制度及实施效果，从而尽量避免走不必要的弯路，强化我国的民族文化保存、保护。以现阶段国际上民族知识产权的法律保护而言，有诸多可为借鉴吸取的经验。诸如，以日本的《文化财保护法》、韩国的《文化财保护法》为代表的，由统一法典为非物质文化遗产提供保护的立法模式。英法模式：行政机关通过制定多部、单行行政法规，对不同类型的非物质文化遗产分别实施保护。如英国，分别针对古迹、登录建筑、保护区、民间文艺、民俗及历史古城等不同层次保护对象进行立法，并对保护办法、保护机构与团体、地方政府职能与资金政策等都给予详尽的规定。法国非物质文化遗产保护立法体系采用国家与地方立法充分结合，并以分别立法的模式建立起来。以印度的《生物多样性法》为代表的分散立法模式，即将非物质文化遗产行政法律保护规范渗透到其他司法规范（诸如知识产权法或其他民事法律）中，而不采用单独立法形式。在诸多模式中，突尼斯的保护模式所引起的争议最大，相对而言，日本的法律制定于我国可能更具参考价值。

1976年，《突尼斯版权示范法》"开创性"地将"民间文学艺术"概念直接替换为"民间文学艺术作品"，并因之给予著作权法保护。此立法模式影响了一些发展中国家，也对我国相关学术研究以及立法草案产生了较大的影响。但该法并未产生实效，而其立法理念和立法模式也因为背离了版权法法理、私权主体错位、创造者权利被剥夺，而备受批评，从未被主流社会接受。诸如：根据该法第1条第三款的规定，其国家民间文学艺术作品属于受著作权法保护的作品。而第6条第二款又做出了例外的规定，即规定这种作品享受无期限的保护。然而，该法第17条关于公共领域付费的规定却又要求"使用公共领域的作品或公共领域作品改编作品"，"包括国家民间文学艺术作品"的使用者须向相关国家机构支付占其所得收入若干百分比的使用费。由此，该法又将已给予永久性保护的"国家民间文学艺术作品"置于公有领域之中。这种贪婪的"双重收费"制度不但违背了公平和正义的立法原则，而且也打破了传统著作权法中私人权益和公有领域之间的界限和平衡，压缩了公有领域的空间。根据其规定，除了适用主体极为偏狭的例外情形，社会公众将不复拥有自由利用传统文化进行创作的权利，社会公众对传统文化本应享有的公共利益变成国家有关部门垄断的权力，社会公众对传统文化应当享有的"福利"被完全掏空。①

日本的全民文化意识及文化遗产保护意识一直具有很高的水准，其对"文化财"的法律保护历史可以上推至1871年制定的《古器旧物保存法》。其后《国宝保存法》《重要美术品相关保存法律》——即便这些立法都局限于对有形的重要文化物品、建筑的保护，而其法律设立为之后的《文化财保护法》的制定还是奠定了一定的法律基础。

---

① 廖冰冰：《民间文学艺术概念及法例评析——以1976年〈突尼斯版权示范法〉为对象》，《社会科学家》2015年第3期。

第二次世界大战后，因奈良古建筑法隆寺的金堂火灾对日本朝野的震撼，直接促发了《文化财保护法》的建立。斯时，距离日本政府战败投降不足5年。在国内经济凋敝、民生困窘、百废待兴的情况下，制定实施这类法律，其知识界、传媒界、政治界及普通民众于文化意识之强烈，可见一斑。其中，日本的文化自觉，或于时任日本参议院文部委员会委员长的田中耕太郎氏于《文化财保护法详说序》中一段话最具代表性：但凡国家提出保护民族的优秀文化遗产，绝不能说是出于狭隘的民族主义，而应该视同对后代、对全人类承担的崇高的义务。由于战败，我们决心选择民主的和平主义理想。陀思妥耶夫斯基说：美能拯救世界，还可以恰当地将所能承担的伟大的政治任务艺术化。艺术必然是民族的。民族文化的振兴可以为全人类这个乐团提供一个乐手，为全世界这一美丽庭院提供一株花木。

日本1954版的《文化财保护法》修订有很多独特的可为借鉴的方面，诸如其"重要无形文化遗产的制定制度"、选择文化遗产的记录制度、对民俗文化的重视强调、对文化景观的保护制度等很多方面，如今看来有很好的保护前瞻性。而其对文化遗产异议审定听证会制度，对我国文化保护及文明建设提高具有极好的借鉴作用。

第七章

农产品地理标志法律保护研究
——基于秭归县土家族的调研

第一节 相关法规与地理标志保护

一 地理标志的保护的相关依据

农产品地理标志不仅拥有巨大的经济价值，也是传统文化的优质载体，更是发展绿色生态农业、推进供给侧改革、增加农民收入的重要选项。2016年，农业部推出《关于推进"三品一标"持续健康发展的意见》，其中农产品地理标志便包括在"三品一标"中，它是我国重要的安全优质农产品公共品牌。2017年，中央一号文件再次强调建设一批地理标志农产品和原产地保护基地，足见国家对农产品地理标志的重视程度。

我国幅员辽阔，地形复杂，气候多样，农耕文明悠久，形成了众多农产品地理标志资源。TRIPS协议之后，面对日趋激烈的国际竞争环境，如何有效开发利用我国的农产品地理标志资源成为当下急切要解决的问题。

农产品地理标志的上位概念地理标志在TRIPS协定第22条第1款的界定："就本协定而言，'地理标志'是指识别一商品来源与一成员领土或者该领土内一地区或地方的标记，该商品的特定质量、声誉或其他特征主要归因于其地理来源。"2001年我国第二次修订的《商标法》对地理标志的定义为，"地理标志是指标示某商品来源于某地区，该商品的特定质量、信誉或者其他特征，主要由该地区的自然因素或者人文因素所决定的标志。"地理标志具有产品质量和声誉与当地自然和人文因素的关联性以及"有限私权"的权利属性等特征。

随着全球化日益加速，国与国的贸易愈加频繁，许多国家立足本国国情，运用法律和相关国际公约对地理标志进行法律保护。从法律形式来看，主要有两种立法模式，即商标法保护模式和专门法保护模式，另外还有反不正当竞争法保护模式和混合立法保护模式。从取得地理标志保护权来看，主要有两种途径，一是通过注册取得，二是天然取得。

我国现阶段对地理标志的保护为国家工商局依据2013年新修订的《商标法》以及2014年《商标法实施条例》和2003年《集体商标、证明商标注册和管理办法》、国家质量监督检验检疫总局依据2005年通过的《地理标志产品保护规定》、农业部依据2007年通过的《农产品地理标志管理办法》分别对地理标志实施管理。在这个过程中存在诸多问题，既有商标与地理标志的冲突，也有《地理标志产品保护规定》和《农产品地理标志管理办法》等部门规章立法层次低的不足，更有多部门管理的弊端。

二 《商标法》对地理标志保护存在的问题

（一）理论层面存在的问题

商标与地理标志存在着本质区别。地理标志最本质的功能为：一是标识地理来源；二是基于特殊地缘的自然人文环境的产品品质或声誉。显然商标并不具有第二项功能，而"地理标志的核心价值在于该标志是其标示的货物的独特品质与特定地域的环境建立联系的桥梁"。另一方面商标的本质为具有识别性（也即显著性），并且不能具有描述性或欺骗性。商标不能直接描述产品产地、原料、功能、用途等，但地理标志不具有这样的显著性。商标和地理标准区别还表现在以下几方面：权利来源不同、所有人不同、权利的期限不同等。

（二）在实践中的问题

以证明商标或集体商标注册的审查认定方面相对宽松。在审查流程上，地理标志审查与普通商标无异；在审查标准上，尽管有地理标志三要素之产地、品质和关联性的规定，但未将其规范化和具体化；在管理机构设置上，没有专门的审查管理机构。

三 质检系统的部门规章对我国地理标志的保护存在的问题

（一）《地理标志产品保护规定》立法层面的问题

首先，由于《商标法》已经将地理标志纳入其中，而《立法法》第八十七条之（二）规定下位法不得违反上位法，《地理标志产品保护规定》的合法性与有效性值得商榷。

其次，从性质上说，《地理标志产品保护规定》规范的产品注册程序属于行政许可，但《行政许可法》并没有授予部门规章的行政许可权。

再次，从世贸规则来看，世贸组织只承认和保护每个国家以法律、法规形式规定的事项，而对部门规章层面的保护事项不予承认、不予保护。

最后，从国务院出台的《全面推进依法行政实施纲要》来看，行政机关的行政职权应由法律设定并依法授予，没有法律、行政法规作依据，国务院各部门不宜自己制定部门规章自我授权，给本部门或者本系统设定和扩大权力。

（二）《地理标志产品保护规定》自身问题

首先，对地理标志的保护范围以及异议和撤销等程序问题并未给出清晰界定，而异议和撤销制度的完备与否直接关系到当事人权利能否实现以及利益能否得到保护。

其次，《地理标志产品保护规定》与其他相关法律法规规章之间缺乏协调。一方面，《地理标志产品保护规定》与现行《商标法》有关内容缺乏衔接；另一方面也与原国家质量技术监督局《原产地域产品保护规定》和原国家出入境检验检疫局《原产地标记管理规定》《原产地标记管理规定实施办法》衔接有问题，比如现《地理标志产品保护规定》中地理标志产品的范围与原《原产地域产品保护规定》中的原产地域产品范围不一致，那么，对于已在原国家质量技术监督局获得原产地域保护的产品是否继续保护？这些在现行《地理标志产品保护规定》中未给予明确回应。

不论何种法律保护模式，其本身并没有好坏之分，每一种法律保护模式也都存在这样那样的问题和不足。我国的农产品地理标志保护究竟应该采取何种模式，首先应考虑我国的具体国情以便实现国家利益最大化。由于我国历史悠久、幅员辽阔、地形复杂、气候多样，造就了发达的农耕文明以及深厚的饮食文化，形成了数量众多的具有人文色彩和地域特色的农产品地理标志。我国的这一国情显然和美国、加拿大等历史短暂地理标志产品数量较少的移民国家不同，这些国家给予地理标志产品较高保护反而不符合本国利益。我国与法国、德国、意大利等历史悠久且农耕文明发达的国家情况相似，只有通过高水平保护才符合国家利益。据此，我国地理标志立法应基于国情借鉴欧盟及其成员国保护的经验。但考虑到我国地理标志保护尚处于起步阶段，经验不足，无法保证立法质量，同时也考虑到立法成本和保护经验，现阶段首先完善《商标法》和探索制定《地理标志条例》及专门的地理标志保护管理机构，随着国内国际地理标志实践的积累适时推出《地理标志法》，以便结束我国现阶段"三足鼎立"的管理局面，更大程度上挖掘我国农产品地理标志的价值优势。在制定地理标志法时，一方面要借鉴欧洲国家专门法模式，另一方面也要立足国内工商局、质监局和农业部的实践经验，同时妥善处理好《商标法》与专门立法之间的关系。

第二节　农产品地理标志法律保护基本理论

一　农产品地理标志概念

（一）地理标志概念的发展历程

农产品地理标志源于地理标志，地理标志又称原产地名称。通常认为，法国是地理标志制度的发源地。1883年《巴黎工业产权保护公约》出台，其中对货源和原产地名称若干规定，揭开了国际社会保护地理标志的序幕。1891年《马德里协议》主要从经济法角度对地理标志作了规定。1958年《里斯本协定》不仅规定了地理标志的概念，同时开始了地理标志的国际注册程序。1977年通过的《班吉协定》中有关违法行为和违法行为的制裁的规定对后来的立法有一定的借鉴意义。1993年12月，在乌拉圭经过激烈讨论通过的《TRIPS协议》明确规定地理标志是一种知识产权。国际公约（TRIPS协议）充分体现了地理标志的私法属性，是迄今最完善的地理标志国际条约。

（二）地理标志概念

1883年签署的《巴黎公约》和1891年签署的《马德里协定》对地理标志均无清晰定义。1958年签署的《里斯本协定》协定第二条第一款对原产地名称作了有关规定，指出原产地名称指示产品的质量应和该地域自然人文有相关性。这一定义是地理标志保护的一个新起点。《TRIPS协定》中地理标志的定义为："就本协定而言，'地理标志'是指识别一商品来源与一成员领土或者该领土内一地区或地方的标记，该商品的特定质量、声誉或其他特征主要归因于其地理来源。"该定义吸收了先前的多部公约有益部分，为目前国际上最权威之定义。

在我国，对地理标志作出界定的有三部法律，即《商标法》规定，"地理标志是指标示某商品来源于某地区，该商品的特定质量、信誉或者其他特征，主要由该地区的自然因素或者人文因素所决定的标志。"之后的《地理标志产品保护规定》和《农产品地理标志管理办法》也给予了大致相同的定义。其中农产品地理标志概念只是多了一个限定词农产品，两者之间是从属关系，其法律特征几乎相同。

二　国内农产品地理标志法律保护发展

（一）起步阶段（1984—1993年）

我国于1984年加入《保护工业产权的巴黎公约》，国家工商总局对丹麦牛油曲奇等案件的处理正式开启了我国对地理标志保护的序幕。

这一阶段有包括《商标法》在内的多部法律涉及地理标志保护，但涉及程度比较浅，仅是作为附带保护内容，并不提供全面保护，因此这些法律在保护地理标志方面作用有限。其中《反不正当竞争法》第四条有相关规定，但这个规定只是为维护市场秩序和产品质量之目的，并未将地理标志作为一种知识产权保护。

总的来说，由于该阶段人们对地理标志缺乏认识、概念模糊，因此无论政府还是立法界都鲜有作为，仅有一些针对具体问题的行政答复或行政通知有所涉及。

(二) 探索阶段（1993—1999 年）

1993 年版《商标法实施细则》为地理标志保护提供了可能。1994 年《集体商标、证明商标注册和管理办法》规定原产地名称可以当作证明商标进行注册。在《商标法》框架下，地理标志开始有了合适的保护途径。1999 年质量技术监督局出台《原产地域产品保护规定》，开启质检系统模式。2001 年新版《商标法》给出了地理标志的清晰概念，该定义成为我国现行地理标志保护方面的最高法律依据。该定义意在协调与有关国际公约的衔接问题。

这一阶段，地理标志归类为知识产权，其申请机构、程序和监管等也作出了相应的规定。同时形成国家质检局和工商局两套管理模式。学术界开始介绍地理标志等相关知识，产业界逐渐意识到地理标志的经济价值。

(三) 发展阶段（2000 年以后）

进入 21 世纪后，有关国际公约（TRIPS 协议）相继在我国生效，为适应新形势，2002 年国务院颁布《商标法实施细则》。相关法律法规的出台契合了《TRIPS 协议》，有利于提升我国农产品在国际贸易中的地位。之后质监局和农业部两部门先后在 2005 年和 2007 年推出了各自的保护制度，我国开始多部门参与保护地理标志。

这一阶段逐渐出现多部门保护的局面，随之出现立法分散、层次较低、管理主体较多、保护角度和保护内容不尽相同、保护对象一致等弊端。这些也给具体执法和监督管理环节增加了不少问题，这些问题引起学术界、立法界以及政府有关部门的重视，但目前该问题仍没有破解。

三 农产品地理标志特征

(一) 地理名称真实性

地理名称是基于现实的客观存在，地名所代表的区域生产标示的产品。地名既可以是行政区划名称，也可以是别名，还可以是基于历史原因并为大家接受的称呼，甚至可以是该地区的地图等。例如，"秭归柑橘""屈乡丝绵茶"等。当然名称所代表的区域不一定与标示产品生产区域完全一致。

(二) 产品质量及声誉与当地自然和人文因素的关联性

特殊的自然和人文因素赋予了地理标志独特的品质，正因为这种对地域的依赖性，造就了地理标志和其他知识产权的不同。

(三) "有限私权"的法律属性

农产品地理标志一方面具有知识产权的专属特征，另一方面也具有集体性权利的特征。其与一般商标不同点体现在：一是功能上，商标指向特定的所有者，而地理标志指向特定的产地；二是构成要件上，商标具有显著性，而农产品地理标志是一种叙述性标志；三是权力归属上，商标为私权，而农产品地理标志是集体权；四是权限上，商标完全从属于权力人，而农产品地理标志权力受限；五是保护期上，商标一般存在有效期，而农产品地理标志不存在效力期限问题。现在公认的观点为农产品地理标志是一种集体性的私权。

四 发展农产品地理标志的原因和意义

(一) 发展农产品地理标志原因

首先，我国拥有优越的地理环境和农耕文明，形成了众多的带有人文色彩和地域特色的农产品。这些产品中有许多因独特的品质而在当地、全国甚至世界上享有盛誉，成为我国在国际市场上极具竞争力的民族精品。

其次，我国农业生产主要以农户分散经营为主，而分散的农户很难参与国内外市场的竞争。加强农产品地理标志保护，可以推动产品质量标准化、生产产业化和产品品牌化。

(二) 发展农产品地理标志的意义

发展农产品地理标志是适应生态文明建设、传承特色农耕文明、保护民族饮食文化的有效手段，也是发展现代农业、促进农民增收的重要抓手。国家近几年对农产品地理标志比较重视，2017年中央一号文件再提建设一批地理标志农产品和原产地保护基地，进一步明确了发展农产品地理标志的重要意义。

首先，地理标志的内涵有着强烈的历史文化的传承意义。地理标志制度可以保护那些根植于特定的地理、人文环境并被赋予特别声誉的农产品，以及依附于这些产品的传统生产文化、饮食消费文化以及将这些文化实体化的流程。通过对农产品地理标志的挖掘、开发、营销、保护等活动，一方面保护了这种传统的生产方式，带动了相关产业，创造了客观的经济效益；另一方面还可以对其他产业产生促进作用，盘活相关产业的发展。

其次，发展农产品地理标志保护制度具有积极的社会意义。这种制度一方面适应了农业发展、生态建设的需要，不仅给农村带来积极的社会效益，还有利于改善农村生态建设。另一方面地理标志产品是官方担保的特殊品质产品，满足人民群众对食品安全的需要。另外通过地理标志制度，消费者能够获悉地理标志产品的准确信息，避免误导信息的影响，满足消费者对产品特定品质的要求，从而提高消费者信任度和用户黏性，增加产品知名度。再有对地理标志的法律保护，可以减少市场上"搭便车"的现象，保护生产者，使他们在激烈竞争性的国内外同类产品市场上保有自己的优势，进而获取可观的经济效益。

最后，发展地理标志经济效益明显。有政府背书的产品更容易进入市场，得到消费者的认可。比如"秭归夏橙"在获得保护后，价格翻倍增长。

第三节　秭归农产品地理标志法律保护现状

一　秭归自然生态人文环境

秭归位于鄂西部，县域面积超过2000平方千米，多山川河谷，少平原。

（一）秭归县自然生态环境

气候条件：秭归县属于亚热带季风气候，三峡工程三期完成后，

12月到2月当地平均升温为0.3℃-1.3℃，6月到9月平均降温为0.9℃-1.2℃，该温度条件更有利于秭归脐橙、夏橙桃、柑橘等经济作物生长。

水文环境条件：境内水资源丰富，有长江自西而东贯穿全境，还有100多条小溪。

(二) 秭归县人文环境

秭归的历史可以上溯到商朝，那时候称归国，到西汉年间秭归县名称开始出现。这里走出过屈原、王昭君等历史名人。今天的秭归借助三峡大坝的建设，已发展成一个富有朝气的鄂西小城，它不仅有屈乡文化，还有移民文化、三峡精神等。

(三) 秭归特色农产品

自然生态环境决定了其产品品种多样性，特色农产品主要有秭归脐橙、秭归夏橙、桃叶橙、九畹丝绵茶（秭归丝绵茶）、椪柑、王家岭绿茶、五龙绿茶、峰丽薇菜、秭归核桃、金江椪柑、屈浓香茶、双山云雾茶、屈姑食品、磨坪贡柚、高峡橙汁等。

二 秭归注册农产品地理标志情况

秭归现有"秭归脐橙""秭归桃叶橙""屈乡丝绵茶""秭归夏橙"4个国家地理标志。2017年3月，"秭归脐橙"被国家工商行政管理总局商标局认定为中国驰名商标。

"秭归脐橙""秭归桃叶橙""秭归夏橙"申请单位均为秭归县柑橘协会，该协会为秭归县柑橘产业行业重要协会，成立于2003年，会员120人。协会成立以来专注于秭归柑橘产业发展，陆续制定秭归柑橘产业发展规划，并开展了一系列柑橘产业发展政策调研；同时围绕县域经济发展的总体规划，上报柑橘产业项目并组织实施；负责制订全县柑橘产业年度及中长期生产计划、日常生产管理、技术培训及科技事业示范；负责秭归柑橘的标准化种植、产后处理、加工包装，是秭归县网络农户最多、经营管理最规范、辐射面最广、带动农民增收效果最明显的柑橘行业协会。

表 7—1　　　　　根据《商标法》《商标法实施细则》
《集体商标、证明商标注册和管理办法》申请的产品

注册年份	商标名称	注册人	注册号	商品	类号
2006 年	秭归脐橙	秭归县柑橘协会	3471533	脐橙	31（生鲜、动植物、饲料种子）

表 7—2　　　　根据《地理标志产品保护规定》申请的产品

公告编号	公告时间	公告类别	产品名称	划定的地域保护范围
2006 年第 84 号	2006 年 6 月 19 日	批准公告	秭归脐橙	秭归县郭家坝镇、归州镇、水田坝镇、泄滩乡、沙镇溪镇、两河口镇、梅家河乡、周坪乡、杨林桥镇、茅坪镇、屈原镇共 11 个乡镇现辖行政区域

表 7—3　　　　根据《农产品地理标志管理办法》申请的产品

注册年份	产品名称	产品类别	申请人全称	登记证书编号	划定的地域保护范围
2008 年	秭归桃叶橙	果品	秭归县柑橘协会	AGI00016	秭归县茅坪镇、归州镇、屈原镇、水田坝、泄滩乡、沙镇溪镇、两河口镇、梅家河乡、郭家坝镇、周坪乡、杨林桥镇共 11 个乡镇。面积 1000 公顷。秭归地理位置地处东经 110°18′—111°00′，北纬 30°38′—31°11′
2012 年	屈乡丝绵茶	茶叶	秭归县茶叶协会	AGI00934	秭归县茅坪镇、归州镇、屈原镇、水田坝乡、泄滩乡、沙镇溪镇、两河口镇、梅家河乡、郭家坝镇、九畹溪镇、杨林桥镇共 11 个乡镇。地理坐标为东经 110°18′00″—111°00′00″，北纬 30°38′00″—31°11′00″

续表

注册年份	产品名称	产品类别	申请人全称	登记证书编号	划定的地域保护范围
2015年	秭归夏橙	果品	秭归县柑橘协会	AGI01624	秭归县所辖泄滩乡、水田坝镇、归州镇、屈原镇、郭家坝镇、沙镇溪镇、梅家河乡、两河口镇、九畹溪镇、茅坪镇共10个乡镇。地理坐标为东经110°18′—111°00′，北纬30°38′—31°11′

三 "秭归脐橙"商标法系统保护介绍

（一）"秭归脐橙"在工商局商标局注册

秭归县农业局与工商局早在2002年年底就开始准备"秭归脐橙"的商标申请工作，并于2003年3月正式向国家工商总局申请，3年后注册成功，注册流程与其他普通商标差不多。

根据《集体商标、证明商标注册和管理办法》规定，秭归柑橘协会附送主体资格证明文件、地方政府主管部门的批准文件、集体商标的使用管理规则等。"秭归脐橙"集体商标申请经过商标局受理审查，于2005年12月28日发布初审公告，3个月公告期后正式投入使用。

注册阶段中的流程大致为：有政府授权的合格申请人向商标局申请并附送相关文件，商标局受理审查，合格后发布审查公告。其与普通商标最大不同在于申请人的认定，其次是对申请文件的特殊要求。

（二）"秭归脐橙"集体商标管理

集体商标的管理，涉及管理者、利益相关者以及相关规章制度。这里的管理者为协会，被管理者为生产、加工、经营和销售秭归脐橙的利益相关者。管理制度：一是《"秭归脐橙"地理商标使用管理办法》，规定了使用条件和手续、会员的权益和义务、管理和使用等；二是《"秭归脐橙"地理标志标识使用规定》，包括申请及受理、审核及批准、监督与管理等部分。

集体商标管理思路大致为：注册人，即管理者，管理自己申请的集体商标，保证该集体商标满足规定的要求。为达到此目的，秭归柑橘协会需要持续监督生产种植、产品加工、销售流通等全过程。重点关注集体商标保护的商标的品质质量，因为品质质量是地理商标的核心，如果品质质量出现问题，不仅会造成眼前的经济损失，更会造成品牌的受损，所以一旦发现问题要及时制止。协会的强有力的管理，一是不仅保证种植户眼前经济利益，更可带来长远的社会效益；二是不仅能保证消费者吃上放心优质的食品，更能为民族食品持续注入强大信心；三是协会联系着政府，可以将自己对行业的深刻理解及时反馈给政府，让政府在政策制定时有的放矢。另外各级工商行政管理部门有义务保护"秭归脐橙"集体商标权利的合法使用，惩罚非法使用行为。

（三）商标法系统对地理标志的法律保护

1. 申请人保护

根据《集体商标、证明商标注册和管理办法》规定，申请人要求比较严格，必须为协会、行业组织等。这种规定是基于对地理标志本质的认识，地理标志作为一种有限私权性质的知识产权，它既具有私权性质，也有集体性质，这就决定了它的申请人不可能是个人或者具有私人属性的企业法人，因为地理商标所指向的商品不是任何人的私地，它是一个区域内几代劳动者努力的智慧结晶，但这种劳动成果又对域外人有排斥，所以它只是专属于特定区域的集体所有，申请人应该是该区域所有人的代表。基于这样的事实，国家通过法律途径赋予这些区域代表以合法身份，同时也能够通过保护合法者来打击非法者。

2. 注册保护

作为集体商标的"秭归脐橙"注册形式与普通商标注册形式大致相同。这样的制度安排也是基于普通商标注册程序已经很完善成熟，集体商标通过这一套注册程序可以得到很好的保护，也就没有必要对集体商标注册程序进行特别规定，同时节约了社会资源。当然有些人觉得地理标志毕竟有别于普通商标，涉及的申请人、申请的产品（这里的农产品地理标志是比较特殊的商品）、产品质量要求和产地要求等都很专业,这种形式的审查很难保证农产品地理标志名副其实。不过工商局也在不断完善现有的集体商标注册流程。

3. 管理监督

现有的管理情况是申请人秭归柑橘协会作为管理人,管理依据为一个办法和一个规定。现在的问题是协会责任重大,但法律赋予其的权力却很小。这种矛盾的局面需要改变,应该赋予协会独立的处罚权,这样才能更方便协会在管理农产品地理标志过程中更有力度、更有威慑力、更容易树立起权威,当然,权力的扩大也应相应伴随义务标准的提高。所以协会作为联系生产者、消费者、政府的桥梁,国家应该给予更多的关注。

(四) 注册集体商标对秭归脐橙的评价

2006年6月,"秭归脐橙"注册为集体商标,标志着秭归脐橙开始拥有一个合法的身份,一方面可以受到法律的保护,另一方面有国家背书的集体商标更容易被消费者接受并得到市场认可。今天的"秭归脐橙"系列已经发展多个支系,成为广大农户增收的重要途径。据不完全统计,在"秭归脐橙"主产区,农户收入近几年持续增加,收入多的农户一年可以超过几十万元。农民收入提高了,也带动了其他产业发展,比如秭归各地逐渐繁荣起来的乡村旅游,再比如柑橘农户身影不断的宜昌和秭归楼市,还有宜昌和秭归火爆的汽车销售等。

四 "秭归脐橙"质检局系统保护介绍

(一) "秭归脐橙"在质监局注册与管理

根据《地理标志产品保护规定》,秭归县柑橘协会并附送秭归地方政府授权秭归柑橘协会文件、关于界定"秭归脐橙"地理标志产品保护范围的函、"秭归脐橙"证明材料等向省级质量技术监督局申请地理标志保护。湖北省质量技术监督局对申报的"秭归脐橙"保护申请提出初审意见,国家质检总局对收到的"秭归脐橙"地理标志保护请求进行核查。经审查合格,再由专门网站进行公示。最后国家质检总局组织专家审查委员会对"秭归脐橙"地理标志保护申请进行技审查，这一系列的审查程序结束后，"秭归脐橙"方可达到质监局认可的地理标志称号。

从这个注册流程我们可以看出，质检局的保护工作比较专业严格，保护水平更高。这样的形式更有利于生产者或者说区域内的经营者，也有利于广大的消费者。

(二) 标准制订及专用标志使用

根据相关规定，省级部门专门为"秭归脐橙"制定质量标准，这一标准出台规范了"秭归脐橙"的经营管理，有利于区域内生产者种植，也有利于加工企业加工生产。

(三) 保护和监督

县质监局依据相关规定，对"秭归脐橙"进行监督管理。监管措施不仅包括产品销售领域，而且也包括产品生产加工领域和种植生产环节。也就是说对所谓的地理标志产品进行全过程监督，保证产品每个环节都至少达到最低标准。对于发现的问题及时查处，必要时会同其他部门联合执法，真正让消费者放心，只有消费者放心，产品才有出路。

(四) 质检系统对地理标志的保护

1. 申请人保护

根据《地理标志产品保护规定》，"秭归脐橙"申请人可以作为秭归政府制定的行业协会秭归柑橘协会。这里的申请人要求和工商局的大致差不多，都是基于地理标志有限私权属性。

2. 注册保护

国家质监局的注册程序大致为提出申请、初审、复审、检验、公示、颁发证书等。该注册形式也是在国际大背景中逐渐出现的，我国从20世纪90年代开始尝试这种形式，在国内已有超过20年的历史。相较于工商局的注册形式，质监局更注册实质审核，审核更专业严格，也会提供更高的保护水准。

3. 质量控制

质量控制的依据有省级有关部门制定的关于"秭归脐橙"的质量

标准。农产品地理标志的质量品质是其核心,因此对它的质量控制就显得相当有必要,而通过专门的质量标准更可以量化管理过程,便于实践中的操作。"秭归脐橙"标准实施近10年来给当地带来了诸多好处,不仅是经济效益,更是理念的改变。

五 "秭归夏橙"农业部系统保护介绍

相比于商标局对地理标志的保护,质检系统的保护模式更专业、条件更严格、保护水平更高。这种方式的保护其实是借鉴法国模式的产物,其出发点即为对地理标志提供高水平保护,服务对象为地理标志丰富的国家。像我国这种地域辽阔、地形气候多样、历史悠久、农业文明发达的多农产品地理标志的国家,选择这种保护模式是比较有利的。质监局这种尝试对我国长远是有益的,现在农业部也在进行类似的尝试,不过这些尝试的最终目的应该是构建符合我国国情的地理标志保护系统。

(一)"秭归夏橙"在农业部系统申请注册

1. 申请人

秭归县柑橘协会经当地政府部门批准获得"秭归夏橙"农产品地理标志登记申请人,具体负责承办"秭归夏橙"农产品地理标志申办工作。农业部的申请人条件和工商局以及质检局的要求差不多,都是基于农产品地理标志的本质属性。

2. 登记申请书及附属材料

申请人秭归县柑橘协会递交申请书,同时附送相关附属材料。这些材料按目的大致可以分为两部分:第一是确认申请人是否合法;第二是申请产品是否符合标准要求。基于这些目的,第一需要权威部门对申请人进行背书,这里是当地政府;第二需要有专门的机构对产品质量背书,这里是专门的产品品质鉴定机构。在这个过程中还有一个重要的管理制度依据问题,农业部为配合上述两个目的的实施,出台了一系列规范性文件,来规范整个登记申请流程,包括对申请人、产品质量、检验机构、有关政府部门的规范要求。通过这一系列的制度安排，来保证真正的农产品地理标志得到保护，不达标的不能获得认可。

3. 现场核查、审查和评审

由省农产品质量安全中心组织实施现场核查，并于现场核查结束后出具《现场核查报告》。然后对其提出了初审报农业部农产品质量安全中心，经过质量安全中心审查和专家评审。经专家评审通过后，最后在指定媒体进行公示。我们可以发现整个流程比较规范专业，既有政府公信力的介入，又有权威鉴定机构参与，还有行业专家学者把关。

（二）农产品地理标志"秭归夏橙"授权及管理

1. 授权阶段

协会给予合格生产经营者使用权利，需要符合《农产品地理标志管理办法》及相关文件规定。得到授权的经营者应该接受协会和其他相关部门对其的农产品地理标志管理方面的培训，并自觉接受秭归县柑橘协会对"秭归夏橙"的生产、加工、营销过程的指导，服从其对"秭归夏橙"必须标志使用情况以及产品生产情况的跟踪检查和监督管理。未经授权，不使用与"秭归夏橙"相似的文字、图形或其组合，以保护"秭归夏橙"的品牌信誉和市场信誉。

2. 种植生产管理阶段

为了保障"秭归夏橙"的质量，秭归柑橘协会制定了《秭归夏橙质量控制措施》，并建立了以秭归县柑橘协会负责人为总负责人的质量保证小组；配备专人负责基地农产品质量安全工作。质量保证小组及时提供生产技术服务，秭归夏橙生产者要严格按照《绿色食品柑橘（秭归夏橙）生产栽培技术规程》进行生产。

3. 收购阶段

秭归县柑橘协会通过与农户签署收购合同，明确相关方的责任和权力。合同明确了种植过程的科学管理、技术指导、品名、数量、保护价、交货地点时间、收购办法、免责约定等。

4. 销售阶段

第一，保护流通领域的正常经营秩序；第二，积极宣传推广农产品地理标志；第三，引导经营者正确使用农产品地理标志专用标识。好的产品出来后还要有好的销售，这些也是有关规定赋予当地政府的责任。政府不能只关注注册环节，在销售这个关键环节也同样不能缺少政府的身影。政府可以利用自己的资源优势，利用多途径广泛宣传推广本地地理标志产品。

5. 监督管理

协会和相关政府部门负责监督管理整个农产品地理标志全过程，包括种植生产、加工、销售流通等环节。没有好的监督，就难以抑制不法行为，也不能保护和鼓励合法经营者的经营活动。因此，有关规定不仅赋予相关政府部门执法权，也鼓励社会监督举报，给违法者以压力，给合法者以动力。

（三）农业系统农产品地理标志保护评价

农业系统的保护模式类似于质检系统的保护模式。农产品地理标志占据了地理标志的大部分，所以农业部对农产品地理标志管理有先天优势，因为他们更熟悉农业。但我们也应认识到农产品地理标志管理过程不止包括田间地头的种植管理，还包括加工、销售流通等环节，加工环节质监局更专业，但销售流通环节是工商局的强项，所以各个部门都各有自己的优缺点。现阶段在地理标志的管理方面，我国已经形成了三足鼎立之势，可以说各部门都在做着自己的努力，希望在不久的将来，我们国家能够对地理标志进行战略性调整，以便更好地服务于广大生产者、销售者以及消费者。

（四）"秭归夏橙"的网络销售

新零售的概念提出后，基于网络销售的便利，地域性农产品展示出极大的优势，全国性的网络零售避免了地域交通障碍，尤其诸如"秭归夏橙"类产品，获得一次很好的商业拓展机会。只是在我们对诸如京东、淘宝等大规模网商于"秭归夏橙"的销售调查来看，效果并不十分理想，而其存在的诸多问题尚需改进。

以淘宝为例，在"秭归夏橙"的搜索项下，出现的诸多品牌，诸如甘福园、蓝君、陌上时光等，几乎都是水果经营店，且很多并非是"秭归夏橙"的产地范围。不仅如此，其包装、价格、质量体系评定多混乱不堪。其中几个销售排名靠前的产区水果经销店的淘宝"描述""物流""服务"分值都差强人意。且于各经销商的产品描述中，我们很难发现其对该产品地域属性产权保护上的提及——地域产地认证及农业部相关认定上的价值似乎并没有得到适当体现。类比于同样的农产品，如云南的褚橙，东北的五常、方正、响水大米的网络销售状况，"秭归夏橙"的电商销售状况不容乐观。也就是说地域性农产品的标识、质量保证及其生产经营的集约化，在一些必要管理、监督资源整合环节上的欠缺，让这一本可以为当地农民带来良好收益的电商项目发展不尽如人意。

第四节　我国现阶段地理标志保护现状及模式选择

一　工商系统保护模式分析

工商系统主要依据 2013 年新修订的《商标法》、2014 年《商标法实施条例》、2003 年《集体商标、证明商标注册和管理办法》等。

（一）工商系统商标法保护的合理性

第一，地理标志为具有某种财产价值的标记，和普通商标在内涵和形式上有诸多相似之处；正如 Gislaine Legendre 所说"人们在产品上标明产品制造或收货地点的习惯非常古老"，学者吴汉东说："地理标志与商标在本质上都是一种识别性标记，基本功能都是用来区别商品的来源。因此，现代商标往往拓展了商标的保护种类，将集体商标、证明商标纳入其保护之列。"这说明商标和地理标志有着某种渊源。

第二，商标法的法律体系比较成熟。从法国第一部成文的商标法到现在已经有 200 多年的发展史，各国已将商标立法作为法律体系中的重要组成部分，随着国际条约的缔结，商标立法在全世界范围内实现了协调，现阶段世界上很多国家采用了商标法保护模式。鉴于此，发展我国商标法地理保护有利于我国与上述国家协调对接，推进国际商标制度的发展。

第三，商标法保护模式将地理标志纳入私权保护范围符合国际协定原则。商标法制度在发展过程中，通过对自身的调整不断扩大自己的使用范围。现阶段集体商标和证明商标的出现和发展，让仅提供描述性商业标识的地理标志在保有团体性和品质保证功能的前提下获得商标的注册。我国作为马德里系统的缔约方，通过集体商标或证明商标可以达到在国际上快速、便捷、低成本的保护目的。

第四，立法成本优势。由于我国对地理标志保护起步比较晚，考虑到专门立法技术要求高、周期长等问题，为了避免立法过度和减少机构设置成本，《商标法》保护可以很好地利用了现有资源对地理标志进行及时有效的保护。

第五，商标与地理标志同属于一个法律体系保护下可以更有效地对他们进行管理。

(二) 我国现行《商标法》对地理标志的保护

我国现行《商标法》对地理标志保护概括为地理名称商标的禁用和地理标志的注册两个方面。也就是说，第一，禁止性保护，哪些名称普通商标不能注册，这体现在《商标法》第十条第二款；第二，地理标志的申请保护，如何为地理标志保护打开一扇合法的大门，这主要体现在《商标法》实施条例第四条第一款和《商标法》第十六条。通过正反两个方面的规定来达到保护地理标志的目的，这就是该法保护的逻辑思路。我国《商标法》对地理标志的保护模式借鉴了美国的经验，也结合了我国现有的国情。

(三) 我国现行《商标法》对地理标志保护中存在的问题

第一，在理论层面存在的问题

商标与地理标志存在着本质区别。首先，地理标志最本质的功能为：一是指示来源地功能，二是特殊的环境造就特殊的产品，特殊的产品打出特色知名度。显然商标并不具有第二项功能，而"地理标志的核心价值在于该标志是其标示的货物的独特品质与特定地域的环境建立联系的桥梁"。其次，前者的本质为具有识别性，并且不能具有描述性或欺骗性，然而后者不是这样的，不具有前者所具有的性质。商标和地理标志区别还表现在以下几方面：

1. 权利来源不同。商标和地理标志本质决定了两者权力来源的差异性。前者权力产生的原因，第一为政府授权；第二为长期使用并使该名称具有了标识性，基于对名称知名度的贡献的认可，而承认该名称为合法商标。后者权利来源于产品产地特色的自然人文环境，与使用者，甚至政府授权无关。这也导致两者专有性或排他性的不同。

2. 所有人不同。商标属于特定的经营者，但地理标志则为一个地理范围内具有一定资格的全体经营者。

3. 权利的期限不同。地理标志权力来源于当地特殊的自然人文环境，只要这些环境没有改变，就一直处于保护期限。而一般商标保护期限仅10年。

第二，在具体法条上的问题

问题一：《商标法》第十条第二款中禁止注册为商标的地名范围过窄，并不能完全杜绝地理标志被注册为普通商标。第十六条的规定基于诚实信用原则，并且"已经善意取得"界定不明，容易导致地理标志与商标使用冲突的产生。其实从这里也可以反映该形式的保护是低水平的，并不是主动去保护，而是被动保护。

问题二：集体商标和证明商标与地理标志内涵不同。地理标志为集体共有权利或者称为"有限私权"，一方面指特定区域内满足一定质量要求的企业都可以获得使用权，另一方面这种使用权又要受到很多的限制，使用者不仅仅限于特定区域，并且无权处理、转让或许可他人使用，而集体商标和证明商标实质为个体化权利。《商标法实施条例》第四条规定显然有悖于商标的专属性特征，把其纳入已经显得有些牵强。地理标志作为证明商标的申请人范围规定不明确。不过在现实生活中，证明商标一般为政府部门支配，这也是考虑到现阶段我国第三方认证还不健全，只有通过政府部门的权威性来为集体商标把关，另外也考虑到政府部门有这个现实条件。地理标志的所有人一般都是本行业的协会或组织。此外证明商标保护期限形式上为有限的，这显然不符合地理标志产品的要求。

第三，在实践中的问题

工商局的注册审查认定方面相对宽松。在审查流程上，地理标志审查与普通商标无异；在审查标准上，尽管有地理标志三要素之产地、品质和关联性的规定，但未将其规范化和具体化；在管理机构设置上，没有专门的审查管理机构。

二　部门规章保护系统分析

质检部门、规章保护系统目前包括：《地理标志产品保护规定》（简称《规定》）、《地理标志产品保护规定实施细则》以及其他配套规范文件。

保护机构：质检总局、地理标志保护机构、省质检机构、产品所在地质检机构等。

保护流程：申报、初审、受理、审核、地理标志产品技术标准体系建立、专用标志申报、专有标志登记、监督管理等。农业部门与质检系统保护制度均为类似，只是管理机构不同。

质检系统保护模式存在的问题：

1. 《规定》立法层面的问题

第一，由于《商标法》已经将地理标志纳入其中，而《立法法》第八十七条之（二）规定下位法不得违反上位法，《规定》的合法性与有效性值得商榷。

第二，从性质上说，质监局的有关规定规范的产品注册程序属于行政许可，但《行政许可法》并没有授予部门规章的行政许可权。这显然与我国一直倡导的依法治国是不符的。

第三，从WTO规则来看，WTO只承认和保护各国的法律和法规确认的事项，对于法规以下的规定则不予认可，显然质监局（也包括农业部）的相关规定在形式上是得不到国际层面的保护，这样不利于我国农产品地理标志的保护。

第四,从国务院出台的《全面推进依法行政实施纲要》来看,行政机关的行政职权应由法律设定并依法授予,没有法律、行政法规作依据,各部门不宜制定规章自我授权给本部门或者本系统设定和扩大权力。显然质监局的部门规章违反了这一规定。

2.《规定》自身问题

第一,地理标志的保护范围以及异议和撤销等程序问题并未给出清晰界定。异议和撤销是保护当时人重要的制度,这种制度目的在于给利益者更大的操作空间、更久的表达权力时间,通过这些措施可以更好地保护当事人和其他利益相关者,但目前《规定》在这方面还有不足。

第二,《规定》与其他相关法律法规规章之间缺乏协调。一方面,其与现行《商标法》有关内容缺乏衔接,这导致两者处理一些问题如果出现冲突,那么找不到相应的条款予以协调;另一方面也有与原质量技术监督局和原出入境检验检疫局出台的相关规定衔接问题,比如现《规定》中地理标志产品的范围与原《原产地域产品保护规定》规定的原产地域产品范围不一定相同,那么,已经在原质量技术监督局注册的并获得原产地域保护的产品是否继续保护?这些在现行《规定》中未给予明确回应。

三 我国农产品地理标志保护模式选择

(一) 国外地理标志保护制度综述

伴随着全球经济一体化,各国贸易日趋频繁,保护本国农产品地理标志免受侵害以及提高其国际市场竞争力,成为各国面对的难题。许多国家立足本国国情,运用法律和相关国际公约对地理标志进行法律保护。从法律的保护形式来看,主要有商标法保护模式和专门法保护模式。其他的法律模式都是辅助性质的保护形成,保护力度相对较弱。从取得地理标志保护权来看,主要有两种途径,一是通过注册取得;二是天然取得。在我国根据以往的司法实践(比如湘莲商标争议案),我国的保护形式是天然取得。这样的方式更有利于保护农产品地理标志，因为包含特定地理自然人文因素的产品是在漫长的历史中形成的，不能因为后注册的商标就可以否定或者取代先前存在漫长历史的产品。

1. 商标法保护模式

美国、加拿大等国用商标法来保护地理标志，一般这些国家在短暂的历史中形成的地理标志比较少，不需要专门立法，因此选择一种相对较弱的保护方式反而对自己更有利。

这里以美国商标法体系为例简单介绍商标法保护模式。法律只有跟上时代，才能更好地服务社会，所以美国在地理标志保护立法上也随着时代的发展不断修订完善法律。在TRIPs协议之前，国内主要是商标法和各州的普通法，国际层面是与加拿大、墨西哥签署的《北美自由贸易协定》等。这一阶段，主要是禁止将潜在的地理地名被私有化，因为这些地理名字可能包含着其他财产价值。TRIPs协议后相关法律则为《兰哈姆法》和酒类的特别规定。其中《兰哈姆法》提供全面保护，包括禁止将地理标志作为商标注册、集体商标或证明商标注册的例外、对地理标志侵权行为的认定与制裁等内容。而美国酒类与烟草税务贸易局灵活的行政程序和保护手段为烈酒和葡萄酒提供了有效的保护。现今美国形成了国内法律行政规章、普通法、国外贸易协定、国际公约等完整的地理标志保护体系。

（1）对描述性地理术语和误描述性地理术语的使用禁止

《兰哈姆法》第2.5.2条主要是关于地理名称的禁止性规定，这种规定意在限制其他用途使用地理名称。《兰哈姆法》中描述性地理术语不局限于地理名称，还包括地理名称别名、该地区地图等。这一规定为法律的实施提供灵活的调整空间。不过基于这种灵活性可能衍生出非严谨性，也容易让人钻空子，但灵活性有时和严谨性又很难统一。

《兰哈姆法》例外情况

《兰哈姆法》第2条有关于商标的注册规定，即商标要有标识性，但不具有标识性的名称用在非本领域是可以的。也就是说满足显著性的描述性地理术语可以在其他领域产品中注册。但是作为"欺骗性的误描述性术语"由于违背了公平原则，即使具有显著性也不得注册。这种例外突破了之前禁止描述性地理术语注册商标的规定，维护了地理术语的公益性价值，体现了立法的原则性和灵活性。

（2）证明商标和集体商标对地理标志的保护

《兰哈姆法》第4条规定了原产地名称注册程序及效力，第45条给出了证明商标和集体商标的概念。从中我们可以看出，证明商标和集体商标是一种在传统商标基础上发展起来的新颖的商标，一方面它具有传统商标指明商品或服务来源的功能，另一方面它又有品质质量标准或群体成员具有共同特点的功能。对于证明商标，所有人必须有能力证明自己控制的产品或服务满足一定的质量标准，并且自己不得使用该商标，而满足证明商标标志的任何人都可以使用该证明商标。对于集体商标，所有人通常为团体、协会或社会组织，由于集体成员都使用该商标，所以集体商标指明了整个集体成员产品或服务的来源。地理标志符合证明商标和集体商标有关规定，可以通过申请证明商标或集体商标进行注册保护。

（3）对地理标志侵权行为的认定与惩罚

《兰哈姆法》第43条规定了地理标志侵权行为的认定和惩罚，但该条规定只是从反不正当竞争角度，侧重维护市场的公平竞争来对地理标志产品进行保护，并且本条规定中的"虚假"一词侧重于是否误导了消费者，而不是标示本身是否虚假。因此，美国对地理标志的实际保护水平其实并不是很高。

总的来说，《兰哈姆法》保护地理标志的思路为：禁止把地理标志作为普通商标注册；地理标志可以通过集体商标、证明商标的注册来保护；虚假使用地理标志应被禁止。同时该法律明确了地理标志的私权属性，规定了地理标志注册选择权和侵权诉讼提起资格为地理标志所有人。

此外《兰哈姆法》第2.1条和政府行政规章对酒类产品地理标志进行了特别保护，还设立了专门行政机关负责葡萄酒、烈酒的地理标志保护。另外还有普通法对地理标志的保护，普通法采用在先使用原则，这一原则也被《兰哈姆法》吸收为使用原则。也就是说在美国商标权的获得是通过对商标的使用来获得的，这样一方面防止后来生产商对已存商标的侵权，另一方面防止虽注册但不使用造成商标资源浪费。但普通法在保护地理标志上具有地理范围局限性和不能给予永久商标权等缺陷。在国际层面，美国通过多个双边协定、区域贸易协定和国际公约来对地理标志产品进行保护。

（4）美国地理标志保护模式评价

第一，美国对地理标志保护水平比较低。一方面是基于美国自有地理标志资源相对较少的国情，另一方面在侵权认定上的"误导"测试，以及保护时间上都不及专门法保护。

第二，美国将地理标志作为证明商标或集体商标纳入商标法体系，可以更好协调两者的关系，避免不必要的冲突，也节约了立法和执法成本。另外也体现了地理标志的私权性质，满足《TRIPs 协定》的规定。

2. 专门法保护模式

专门法保护模式主要以法国、瑞士、意大利等国为代表。每个国家的选择都是基于本国利益，这些国家也不例外。他们本国拥有众多的地理标志产品，这就需要政府给予强有力的保护，以维护本国利益。法国是专门法保护模式的先驱，以下简单介绍法国的地理标志保护模式。

从 20 世纪初开始，法国就在不断尝试通过法律途径对地理标志产品进行保护。发展至今，法国建立了比较完善的保护体系，主要包括国与国层面的、法律层面的、部门层面以及行业协会层面的。具体的制度安排是：国与国层面，协调国际贸易；法律层面，规定地理标志保护基本原则；部门层面，界定产品区域、生产流程、品质要求、流通环节的控制等；授权的行业协会发布的实施细则和操作规范。以下大致介绍法国对地理标志保护流程，包括申请注册、"实质技术"审查、保护范围确认、监督管理等。

(1) 注册申请前提

产品要求：首先申请的产品需要满足《消费者法典》第 L115－1 条原产地名称（AO）定义，该定义确认了产品质量和特征归因于特定的自然人文环境。

申请人要求：申请人必须为一个地区相关产业生产者组成的保护协会。

(2) 注册申请中

申请机构：INAO（法国地理标志保护主要机构）负责起草原产地名称保护相关规章，向政府提交必要提案，并负责国内外原产地名称监督和保护。从这里可以看出，法国的模式和美国模式不同，法国模式有专门的保护机构，而美国模式是没有的。有专门的管理机构来推进这项工作，足见法国政府的重视程度。

申请文件：包括申请理由、产品声誉和名称使用有关的证据和历史材料、自然和社会条件与产品特征有联系的证据、财经分析等。

(3) 审查阶段

第一步，有专门的管理机构接受协会的申请，管理机构收到协会的申请后，根据有关规定拟定一份文件，主要为后续工作的展开准备。这一步是注册的入门，门槛较低，主要审查在后面几步。

第二步，由专门管理机构成立一个调查委员会，调查委员会会同相关领域专家一起决定是否接受申请。批准的两个先决条件：第一，产品本身有足够知名度；第二，产品可以再生产。第一条说明产品有一定的历史，并且已经被一定的人群所接受；第二条是指这种产品必须能够持续为社会提供，这样才对社会有价值。

第三步，专门管理机构在接到调查委员会汇总结果后决定申请是否通过。当然，不通过要根据情况告知理由，需要补充材料的也要及时让协会补充材料。如果通过还要对保护区进行专业划界，这里关键点是保护范围的确定，因为地理标志的本质属性决定了它的生存必须在一个有限的区域范围。而委以专门的权威机构进行区域范围的界定，也是法国模式的特点。

(4) 注册通过后

注册通过后，专门管理机构会在专门媒体发布公示，以告知社会，也便于全社会的监督。此法令便成为法国法律体系一部分，该 AOC 作为相关地区生存者的集体财产得到保护，并且也成为法国农业文化遗产的一部分。

(5) 法国地理标志保护模式的评价

第一，法国的保护模式对地理标志的保护水平比较高。这基于法国在漫长的农业历史中创造了丰富的地理标志产品资源，尤其是酒类与奶酪产品。在法律上体现为更强的行政干预、更严格的注册审查制度、更严厉的侵权认定等，并且法国更是将地理标志上升到文化遗产层次进行永久保护。

第二，法国通过积极参加国际公约来对国际地理标志保护制度施加影响。法国作为国际地理标志保护的主要代表，从1883年《巴黎公约》、1891年《马德里协定》、1951年《史特雷莎》，到1958年《里斯本协定》原产地命名制度的逐步确立，再到《TRIPs 协议》把地理标志当作一项独立的知识产权设立专章予以保护，以及协议中对烈酒和葡萄酒地理标志的额外保护，都可以看到法国的身影。此外，欧盟受法国的影响也建立了完善的专门法保护，用来协调域内国家间地理标志保护工作。

第三，法国的保护模式是独立于商标法外的保护方式，在理论和实践中也存在一些问题。比如需要建立专门的注册登记体系，增加了保护成本，再比如难以避免地理标志和商标的矛盾冲突等。

3. 两大保护模式比较

美国模式和法国模式在对申请注册主体的要求、地理标志所有权和使用权内容及其两者分离、地理标志的禁止权主体规定等方面趋于相同。但在地理标志保护范围、行政权力干预程度等方面略有不同。一方面，这些异同反映了不同国家的特殊利益，另一方面法律的制定既要考虑各相关利益，又要慎重地选择合理的政府干预权限，以便最大限度地保障制度的实施和相关方受益。

总的来说，我们可以看出法国模式是一套系统的地理标志法律保护模式，其保护是全面的，并且利益相关者更容易从中受益。当然高水平的服务也要对应成本的增加，所以完善的法律制度也要有相应的机构来执行，机构的设立必然也要相应增加纳税者的负担。这一制度适合那些拥有较多农产品地理标志的国家，如法国、意大利等。美国保护模式是将地理标志作为例外或特殊商标进行保护，一方面，这种保护有悖于商标的专有属性，同时也扭曲了其作为特殊商标的本质，内部逻辑比较混乱；另一方面，这种保护水平较低，也节约了一定的社会资源。该模式主要适用于那些农产品地理标志比较少的国家，比如美国等移民国家。

(二) 我国农产品地理标志保护模式建议

不论何种法律保护模式，其本身并没有好坏之分，每一种法律保护模式也都存在这样那样的问题和不足。我国的农产品地理标志保护究竟应该采取何种模式，首先应考虑我国的具体国情以便实现国家利益最大化。由于我国历史悠久，地形地貌多变，创造了发达的农业文明和深厚的饮食文化，形成了一大批具有地域特色和人文色彩的农产品地理标志。我国的这一国情显然和美国、加拿大等历史短暂地理标志产品数量较少的移民国家不同，这些国家给予地理标志产品较高水平保护反而不符合本国利益。我国与法国、德国、意大利等历史悠久且农耕文明发达的国家情况相似，只有通过高水平保护才符合国家利益。根据我国的国情，我们应该借鉴欧盟及其成员国的经验。现阶段，我国的地理标志保护工作发展历史还比较短暂，人们的保护意识还比较薄弱，立法界的理论尚在形成中，法律还有待完善，司法实践还不够丰富，相应的保护机构正在构建中，因此，我们应基于现实，不能盲目推进，现阶段首先完善《商标法》和探索制定《地理标志条例》及专门的地理标志保护管理机构，随着国内国际地理标志实践的积累适时推出《地理标志法》，以便结束我国现阶段"三足鼎立"的管理局面，更大程度挖掘我国农产品地理标志的价值优势。在制定《地理标志法》时一方面要借鉴欧洲国家专门法模式，另一方面也要立足国内工商局、质监局和农业部的实践经验，同时妥善处理好《商标法》与专门立法之间的关系。

1. 完善现行《商标法》

第一，在《商标法》中将地理标志作专门规定。由于商标和地理标志的法律属性不同，即使在集体商标或证明商标框架内也难以消除这种差异性，所以建议在《商标法》第三条将地理标志作专门规定，与商品商标、服务商标和集体商标、证明商标并列，赋予其独立的法律地位。另外将第十六条第二款地理标志定义改至第三条证明商标定义之下，在第三条最后一款后加"地理标志注册和管理的特殊事项，由《地理标志管理条例》规定"。同时适当修改《商标法实施条例》第四条，并且删除《集体商标、证明商标注册与管理办法》中有关地理标志的规定。

第二，《商标法》其他需要修订的。（1）关于第十条第二款。要带着一种超前思维对该条款进行适当修改，扩大禁止地名的使用范围，以便更好适应未来发展需要；（2）关于第十六条第一款。不仅应禁止域外的人注册而且也应明确禁止域内的人注册含有商品地理标志的普通商标，也可以通过修改第四十五条异议程序将该情况包括在适用范围，以便阻止其注册；（3）《商标法》第十六条"善意取得"界定不清，可在《商标法实施条例》进行适当补充，明确"善意"标准。

2. 制定《地理标志保护条例》

首先应有宏观和超前的视野，这既需要我们充分了解当前的相关国际公约的精神内涵，更要领会背后深层次的逻辑；既需要充分吸收国外的相关经验，也要善于利用我国已有的经验；既需要对国外相关法律模式运行背后的国情分析，更需要深刻理解我国的现实国情。只有沿着这一思路，以面向世界、面向未来、服务中国的态度，才能制定一部造福亿万劳动生产者、助推农业现代化的优秀法律。

在具体制定《地理标志保护条例》时，应利用质监局和农业部现有的经验，并借鉴国外成熟的制度。一要明确相关的定义，以便厘清保护对象；二要授权管理机构，没有明确的分工安排不利于后期工作的展开；三要注册程序，这个应该是中心环节，在这个环节可以把控申请人、产品质量、后续管理等；四要包含专用标志使用、新旧法的衔接、国外产品的保护等。

3. 其他建议

管理与监督机构。建立以工商局牵头，质监局和农业部参与的"地理标志管理委员会"具体负责协调三部门的地理标志产品的注册登记管理监督工作，首先，由该委员会整合三部门资源建立全国性的地理标志保护名录，通过共享数据库资源保证不同部门认定结论的一致性。其次，《地理标志保护条例》应规定在一个过渡期内三部门逐渐统一注册管理程序，最终将三部门注册管理权限上交地理标志管理委员会。最后，"地理标志管理委员会"应从工商、质检和农业部不断充实人才队伍，构建完善的质量标准控制与监督体系，最终目的是建立一支集全国地理标志产品注册登记管理监督的唯一机构。建议此委员会内设于工商局。

注册与管理程序。可以借鉴国外经验，以及质监局和农业部有关实践，在满足《TRIPs协议》确立的最低标准基础上对地理标志的申请与受理、申请材料的规定、申请复议、审核与批准、标准的制订及专用标志的使用、注册后的保护与监督等作详细规定。对于《商标法》对地理标志产品质量标准控制不够的情况，在注册环节细化提交产品的生产工艺和质量标准的规定。在保护与监督环节，一要提高政府监管力度，建议在《地理标志保护条例》实施过渡期内，地理标志保护委员会主动建立与工商局、质检局和农业部的沟通协调机制，过渡期后，地理标志委员会集中管理全国地理标志的质量监督与管理工作，并开始接管包括种植户产品生产、加工企业的加工、销售流通等全过程监督管理；二要赋予注册人实质的职责与权力，并明确规定域内使用人使用权限与侵权法律责任。

地理标志与商标的关系。把地理标志作为《商标法》中的第五类商标，也是基于他们都具有传递商品信息的标识作用，两者之间既有相似性，更有不同点，突出不同点，才能更好区分两者，也才能更好地处理好两者可能存在的潜在问题。总的原则为在两者发生冲突时优先保护地理标志。

其他法律规章衔接。任何法律的制定都需要考虑先后法律衔接的问题，因此，制定该条例时候应考虑处理好与先前出台的一部法律和两部部门规章的关系，避免他们之间的冲突。把《反不正当竞争法》作为实施地理标志保护的最后屏障，将虚假使用地理标志作为不正当竞争行为。

行业协会的培育。作为农产品地理标志行业代表的组织，其更了解整个行业的发展现状和未来趋势。《地理标志保护条例》应通过法律形式赋予其明确的权利和义务，使其真正成为有管理能力的独立组织，以便更有效发挥它的自身优势。

四 秭归县农产品地理标志保护建议

(一) 秭归县农产品地理标志存在的问题

秭归农产品地理标志主要包括柑橘类（脐橙、桃叶橙、夏橙）和茶类（屈乡丝绵茶），现就这两大类农产品进行分析。

1. 生产环节

超地域范围种植。受秭归农产品地理标志近年价格上涨影响，部分农户不按《农产品地理标志登记范围》生产，私自扩大种植面积，造成保护范围外种植的假熟、冻害、落果、颗粒化等低质柑橘类茶类产品充斥市场，严重影响地理标志产品的声誉。

种植管理水平不高。秭归县农产品地理标志存在经营分散、机械化程度低、部分柑橘茶树树龄偏大、品种退化、病虫害多发、采摘集中且时间短以及劳动力不足等客观现实问题；另外，农村留守人员年龄较大，对新技术吸收难，实施更难，专门从事茶类和柑橘类生产技术研究与推广的人员少，造成《农产品地理标志质量控制措施》执行过程遇到诸多挑战。

2. 加工环节

柑橘类。当前全县有柑橘深加工企业3家，简单加工企业广泛分布于县城和各乡镇村，数量比较多，但这些小作坊式的小厂家生产水平参差不齐，生产效率和水平有待提高。目前，秭归柑橘种植面积30万亩，年产量40万吨以上，而柑橘品种成熟期多集中在11月至次年4月，时间仅半年，成熟、上市时间相对集中。受制于储藏和深加工能力的限制，导致果品腐烂率较高，影响了秭归柑橘的进一步发展。另外不法经营者以次充好，损害了"秭归脐橙"的品牌形象。

茶叶类。全县有140家茶叶加工企业，但大多是小作坊，加工设备老化，制茶工艺低，配套设施不齐全，卫生条件差；另外从事茶叶加工人员业务水平较低，对新业务知识和新设备缺乏了解。

包装不规范。无论柑橘类还是茶类都存在包装不规范、品牌杂乱的问题。《关于规范秭归脐橙包装标识标注的规定》执行有待加强，包装过程中，存在"以次充好、以小充大、以劣充优"的现象。

3. 销售环节

外部环境。近年来，江西、重庆等其他地方也开始大面积发展柑橘，产品品质和数量大幅提升，不断挤压秭归柑橘销售市场。

内部环境。在销售环节，政府企业比较积极，农户缺乏忧患意识和危机感，习惯于客商上门收购，对全国柑橘生产上市销售信息不了解，更不善于分析这些信息。

(二) 秭归县农产品地理标志发展建议

秭归县县域农产品地理标志保护涉及的主体包括政府、涉农企业、行业协会、农户等，其中政府在农产品地理标志保护中起着关键作用，一方面与农产品地理标志的公共属性有关，另一方面政府拥有政治、经济、信息等资源优势，可以对相关人员进行培训，对相关经营者进行资金扶持、对整个市场进行监管、对社会大众进行有关信息的宣传等。但从长远来看，作为行业自律组织协会更了解本行业，对农产品管理和保护更有优势，也符合其私权属性。但鉴于目前农产品地理标志保护尚处于起步阶段，相关行业协会自律机制尚不完善，因此政府监管仍为主要手段。依据现行的有关法律法规和部门规章，秭归县地方政府关于地理标志方面的权力和职责包括：申请人资格确认、产地范围建议、监督管理、保护政策和资金支持等。厘清政府在农产品地理标志方面的职责，才能更好地规范政府公权力的介入，助力秭归农产品地理标志健康快速发展。

1. 生产环节控制

生产环节决定着产品的品质，是整个管理环节的源头，必须在品种选育、基地建设、标准化生产方面下功夫。

严格控制种植范围。不能因为农产品地理标志效益好，而不顾气候、土壤条件等客观因素一哄而上，盲目发展，影响到地理标志产品的品质和品牌。政府应主动引导农户因地制宜，在非地理标志划定区域发展蔬菜、烟草、坚果等其他产业。

严格控制种植过程。县农业部门作为地理标志产品保护的主要职能部门要积极推进品种改良，加快淘汰树龄偏大、品质退化的落后品种。尽管品质退化在一定程度上可以用科技手段解决，但更长远的考虑应该是引导生产者分区轮番种植，以便最大程度保持地理标志农产品的自然特性。另外积极和科研院校对接，加大新品种培育研究，力争有突破性进展。对于实行轮耕或改良品种的农户，政府给予一定金额的农业补贴。通过基地标准化建设和培育规范的行业协会来加强整个行业的发展水平，保证《农产品地理标志质量控制措施》落到实处。

2. 加工环节控制

大力扶持龙头企业，加强生产加工过程监督管理。县质监局负责农产品加工企业的监督管理，一方面制定和完善各类地理标志产品的质量标准，引导农民与生产销售企业统一标准、统一品牌、统一检验、统一管理，对生产农业地理标志规范管理；另一方面建立产品质量追溯制度，以便质检部门和其他相关部门及时监控产品流向，分析产品的市场动态，决策产业未来发展方向。

3. 销售环节

市场监管。县工商局负责对市场上农产品地理标志标识使用情况的监督管理，打击伪劣农资、以次充好、不正确使用地理标志标识以及假冒仿冒商标等侵权行为。县宣传部门多渠道推介秭归地理标志农产品，不仅要充分利用传统电视台、宣传牌、电子滚动屏，也要抓好网络营销，还可以和旅游产品结合等。

本章小结

农产品地理标志是受国际保护的知识产权，是地域特色农产品的代表。研究农产品地理标志保护可以更好地助力区域特色经济，推动农村经济发展，提高农民收入。农产品地理标志法律保护制度最早起源于欧洲，欧洲很多国家拥有悠久的历史、发达的农耕文明和饮食文化，比如法国、意大利，这些国家倾向于通过严格的制度来保护农产品地理标志以维护本国利益，即所谓的专门法保护模式；美国、加拿大、澳大利亚等农产品地理标志优势不突出的国家，仅在《商标法》或《反不正当竞争法》中有一些相关规定，并没有专门强化对农产品地理标志的特殊保护，即所谓的商标法保护模式。其中，法国的农产品地理标识的认证和保护体系最具借鉴性：法国"原产地命名控制"即AOC办法创立于1935年，只有拥有地理概念的原产地产品才能获得该标识，且必须符合相应的质量、制作规范。至1990年，这种"原产地命名控制"由初始的葡萄酒、奶酪扩展为1000余种农产品，且与之配合的是名优特产品品质保证的"红色标签"及《CCP认证》办法，即通过严格检验，保证其产品拥有的品质符合技术生产规定。其各标签由国家专属机构负责检验颁发，而"原产地命名控制"标签1GP亦由相应机构严格验证颁发。类比秭归的夏橙等产品的地理标识保护，在其生产、加工过程的质量认证问题，法国的做法确可学习遵循，这种保护本身重要的该是依托于专属机构的监管，制定详尽标准，从而确保其生产种植工艺之规范。

历史上，我国人民对农产品的地理认知是有丰厚心理基础的。司马迁的《史记·货殖列传》中，就清晰明了归类各种茶、丝、漆等农产品的地理区限，其言及齐鲁、山西、吴越、楚等地的农产品时，对农产品和地理区域的联系表述得十分清楚，且以我国汉代商帮的地域性集合习惯而言，在商业活动中，产地和产品的联系，相应的宣介及辨识，该是顺理成章的事。到了清代，袁枚的《随园食单》不但提及食材选取的地域性要求，且列举诸如高邮咸鸭蛋的独特性也是曾叫食客们偏重农产品和地理产区的联系。至近代，如北京全聚德烤鸭的创始人杨全仁先生，在其创建全聚德时，对北京鸭产地的苛刻要求更是为人们耳熟能详。这种普遍认可的农产品和地域之间联系的大众心理，有利于相应法律的制定和贯彻执行，且因之可叫我们更深理解相应法律保护的侧重所在：不仅仅于对其地理标识的确定，避免生产者的权益被损害，更多还是确认过程中严格的质量、工艺认定体系及相应的专属验证部门，借以确保产品于大众认知上与产地的联系，即该地理标识所能保障的是产品的质量、工艺的确定性。

我国现有农产品地理标志的法律保护呈现多样化。从 1985 年 3 月我国加入《保护工业产权的巴黎公约》后，逐步建立起以《商标法》《地理标志产品保护规定》《农产品地理标志管理办法》为主体，以《反不正当竞争法》为补充的地理标志保护制度体系。但这一体系存在着立法分散、层次较低、管理主体较多、保护角度和保护内容不尽相同、保护对象一致等弊端，这些弊端也给具体执法和监督管理环节增加诸多困难。仔细分析我国的《农产品地理标志管理办法》，比照法国相应做法，其于标识认证、监督管理上有失详尽之处，对标识保护的侵犯及被保护的产品因质量问题的退出、惩戒措施略显薄弱。基于我国农产品生产农户的小型、粗放、零散等特点，予以更为详尽的规则范例、更严格的认证部门、监管事项及惩处办法，该是一种必须。在相应法律保护体系运行不理想的情况下，地方政府以法律为依托的针对本地特色产品的性质，做出相应的管理办法，辅助以行政法规和地方法规，或许是可行之路。事实上，在我国一些地区，诸如浙江新昌对其茶叶的地理标识保护维护，所起到的作用和取得经济效益是很值得效仿借鉴的。其区域内的两大区域公用品牌"大佛龙井""天姥红茶"在品牌的管理、监督及至营销环节都有其成功之处，这也使该地的茶叶生产逐年提高，从小范围的地方性产品，一跃而为全国知名茶叶产区，诸多茶农随之而获益。

农产品质量，尤其是食品的口味，更容易受土壤、空气、阳光、水分、温度影响的特质决定，其质量和地域性的联系因之也就格外紧密。法律保护之于农产品的地理标识的目的，理应涵盖对其被市场认定的质量保证，由此才能达到保护这一知识产权的长期有效的经济效益。这就需要在标识认定、监管、退出及惩戒诸事上做出严格、缜密、可执行性的条款，不给一些不良商家、害群之马以投机空隙。

本章通过对农产品地理标志法律保护基本理论和秭归县农产品地理标志保护现状的介绍，分析了我国现阶段农产品地理标志保护现状及保护模式，得出了我国应首先完善现有《商标法》，同步制定《地理标志保护条例》《地理标志保护法》的立法建议。

第八章

土家族传统知识特别知识产权保护的制度构建

为了更好地保护土家族传统知识的精神权利和经济利益,有效地防止非法持有人对土家族传统知识的不正当利用,以更好地促进土家族传统知识合理、正常的开发、利用和发展,在现有的知识产权保护法律框架下,构建一种积极的权利保护机制——土家族传统知识的特别知识产权保护制度,本着积极借鉴国内外先进立法经验,根据土家族传统知识本身所具有的特征,完善现行保护各民族传统知识的知识产权保护制度和土家族地方自治政府制定的法规,使得土家族传统知识能够得到全方位的保护。同时,在不影响各民族的传统知识在《著作权法》《专利法》《商标法》《地理标志保护》《反不正当竞争法》《商业秘密保护》等法律、法规下所享受的权利和获得应有的保护,那么它们之间是互为补充、互不影响的关系。

现行知识产权法律保护制度是保护土家族人民智慧成果的最主要的法律制度,鼓励科技文化领域中创新现代知识是该制度的宗旨。对于保护土家族传统知识而言,保护范围受到局限。在立法上构建土家族传统知识特别知识产权保护制度,对权利主体、客体、内容及权利限制进行立法界定并分析,试图化解现行知识产权法律保护制度不能完整保护土家族传统知识的立法不足。该制度为土家族传统知识的完全保护提供了法理依据,更对中国民族地区社会经济的发展具有重要的促进作用。

第一节 特别知识产权保护的制度构建的相关问题

一 问题的提出

传统知识本质上是面向文化的，是社会群体文化认同的有机组成部分。[①] 在当地法律、习俗和传统下，传统知识已被土著和当地社区使用了几个世纪，并已进行代际传播和进化。传统知识对一个国家的进步和社会改造方面起着至关重要的作用，它为传统的文学、艺术或科学作品、表演、发明、科学发现、设计、标志、名称和符号、未公开的信息，以及由智力活动而产生的所有其他传统的创新和创作提供了一个开放的大门。土家族传统知识是我国少数民族非物质文化遗产的一个组成部分，是土家族祖先世世代代保存和历经实践了几千年的知识，也是土家族群体社会政治、文化、经济制度和体制、伦理、道德价值及习惯法与规范的结合，更是反映我国民族和土家族人民的一种尊严。保护土家族传统知识的传承与发展是凝聚我国民族情感、增进民族团结、振奋民族精神、维护国家统一的重要民族基础。

知识产权（IPR）被视为保护传统知识的一种可能手段。大多数国家利用知识产权作为分配知识权利的法律机制，知识产权对土著社区和地方社区的知识以及与其互动的其他社会之间的关系中发挥着重要作用。土家族传统地区因有独特的自然环境、人文地理等优势，使土家族传统知识具有潜在的商业价值，致使许多土家族传统知识商业利益无偿被国外和国内不法人士进行不正当利用，而本身所在土家族地区的政府和人民都没有获得一丝报酬。与此同时，土家族传统知识的精神权利也受到了践踏。现行知识产权法律保护制度是保护土家族人民智慧成果的最主要的法律制度，鼓励科技文化领域中创新现代知

[①] See, Dr. Elizabeth Varkey, "TK – The Changing Scenario in India" Law. ed. ac（University of Edinburg）at 4. Online 〈http://www.law.ed.ac.uk/ahrc/files/67_varkeytraditionalknowledgein-india03.pdf〉.

识是该制度的宗旨。土家族传统知识的自身属性总会与现行知识产权保护限定条件产生冲突,存在一定的局限性,不能完全获得保护。譬如商业秘密保护土家族传统知识具有局限性。一般来说,商业秘密是受不正当竞争原则保护的。① 这有助于保护不诚实的商业行为,前提是知识持有者在这种情况下采取合理的步骤对知识保密。②"印度适用商业秘密保护传统医药知识(TMK),为其设定了草药和植物知识的高门槛:(1)信息必须是秘密;(2)应该有商业价值,因为它的秘密性质;(3)应该有一些证据表明,已经作出了合理的努力来保持这些信息的机密性。"③ 主要特点是:这种保护不需要任何政府的参与或注册。"特别是在传统知识的情况下,保密的定义是至关重要的,这是少数人所知道的。保密不必是绝对的。它是可以在'需要知道'的基础上以及根据保密协议规定的例外情况下披露信息"。④ "对于土家族地区传统居民而言,大部分土家族非物质文化遗产经过千百年来的广泛流传和发展,在土家族人的心中已没有秘密性这种概念意识可言,而视为土家族公共知识。土家族个人或家族成员中几乎没有相传秘方,即使有,也是一些不具有商业化性质的秘传及具有宗教色彩的巫术,很难满足商业秘密保护要求,存在一定局限性。"⑤

随着经济与文化的全球化趋势,以及社会经济与法律制度的发展,土家族传统知识的自身价值和商业利用价值不断提高,土家族传统知识的特别知识产权保护成为了一种需求和可能。为土家族传统知识的精神权利和经济利益不受到践踏与损害,为防止非法持有人不正当利

---

① See Carlos M Correa, Protection and Promotion of Traditional Medicine Implications For Public Health in Developing Countries (Switzerland: South Center, 2002). Also See Article 39.1 of the TRIPS Agreement. Online: ⟨http://apps.who.int/medicinedocs/en/d/Js4917e/3.html#Js4917e.3⟩.
② Ibid. Also See Article 39.2 of the TRIPS Agreement.
③ Ibid and Also See Murray Lee Eiland, supra note 52 at 74 – 76. Online: ⟨http://heinonline.org/HOL/Page?handle=hein.journals/jpatos89&div=5&g_sent=1&collection=journals⟩.
④ Ibid.
⑤ 黄丽娜、邓莹辉、杨春娥:《土家族非物质文化遗产知识产权的保护现状评析》,《三峡论坛》2016年第6期。

用土家族传统知识,为合理开发、利用及发展土家族传统知识,在不影响土家族传统知识享受《著作权法》《专利法》《商标法》《反不正当竞争法》及地理标志商业秘密等知识产权保护情形之下,积极借鉴国内外先进立法经验,结合土家族传统知识本身特有属性,构建一种积极的特别知识产权保护机制,完善现行知识产权保护制度和土家族地方自治政府制定的法律法规。

二 研究评述

知识是个人手中的财富,这是一个广泛和普遍的概念。受到商业和公共利益的影响,知识的根可以在智慧的弦上找到,"经过几代人的发展,人类朝着同质性的存在发展,自然资源、环境整体、传统的土地科学利用在这一知识库的存在和维持中起着不可或缺的作用"[1]。这种形式的知识是传统知识(TK)。传统知识(TK)没有集定义,然而,它们在许多方面是重叠的。根据 Warren(1991)可知:"本土知识(IK)或传统知识(TK)是当地知识——是特定文化或社会所独有的。IK 与大学、研究机构和私人公司建立的国际知识体系形成对比。它是地方一级在农业、保健、粮食准备、教育、自然资源管理和农村社区的许多其他活动方面作出决定的基础。"[2] 信仰、创新、精神、身份、文化、知识、民间传说和其他传统元素是属于世界各地的土著人民的主要关切问题。这些关键元素体现了"土家族社区"的传统生活方式。在生物多样性的背景下,这些特征与保护、可持续利用遗传资源有关,包括对正在以惊人的速度消失的土家族传统知识。此外,许多国内及跨国公司未经或不适当的同意,滥用了土家族社区人民的传统知识。

从 20 世纪 60 年代开始,在发展中国家的呼吁以及世界知识产权

---

[1] See Pranjal Puranik, "TK Rights and Intellectual Property Rights: The Tale of Two Rights", R. K. Dewan & Co. (25 September 2007).

[2] See "What is Indigenous Knowledge?" The World Bank Group. Online: ⟨http://www.worldbank.org/afr/ik/basic.htm⟩; D. M. Warren, "Using Indigenous Knowledge in Agricultural Development" World Bank Discussion Paper No. 127. Washington, D. C.: The World Bank.

组织、联合国教科文组织等国际组织的努力之下，法学、人类学、社会学、文学等领域的学者们对土家族传统知识的知识产权法律保护问题展开了积极而有益的研讨，致力于在国内与国际范围内建立起土家族传统知识的知识产权保护体系。例如，崔国斌[①]从多个角度为土家族传统知识的知识产权保护正当性提供了法学理论基础，试图为具体的制度设计提供宏观的指导思想。严永和[②]对传统知识知识产权保护的正当性和制度设计进行讨论，意在为传统知识的知识产权保护获得理论支持和制度依据。德国的莱万斯基（Silke von Lewinski）[③]从学者的视角，分析了保护遗产资源、传统知识和民间文艺的必要性、适用知识产权保护的利弊条件，并从国际层面、地区层面、国内法层面详细介绍了各种保护途径，其中既包括私法，也包括公法和习惯法途径。澳大利亚律师、托雷斯海峡岛 Meriam 族的后裔 Ms. Terri Janke 在递交给世界知识产权组织的报告《思想文化：关于知识产权与传统文化表达方式的案例研究》，以及世界知识产权组织派出进行"知识产权的要求与传统知识持有者的期待"实地调查的九个调查团完成的报告。上述报告就已经发生的主要是土著地区的非物质文化遗产保护典型案例进行了分析，指出保护非物质文化遗产的必要性，认为在现有的知识产权体系中难以给土家族传统知识有效的保护，有必要建立一种特别权力保护体系。[④] 印度政府人力资源部、教育部国会议员 Mrs. P. V. Valsala G. Kutty 向 WIPO 提交的《民间文学艺术保护研究》，主要评价了保护土家族传统知识的 1982 年示范法以及印度、菲律宾、印度尼西亚等国有关传统知识保护的法律。[⑤] 阿根廷 Carlos M Correa[⑥]

[①] 崔国斌：《文化及生物多样性保护与知识产权》，博士学位论文，北京大学，2006 年。
[②] 严永和：《论传统知识的知识产权保护》，法律出版社 2006 年版。
[③] ［德］莱万斯基：《知识产权：遗产资源、传统知识和民间文学艺术》，廖冰冰等译，中国民族法制出版社 2011 年版。
[④] 孙彩虹：《国外民间文学艺术法律保护实践及其启示》，《河南大学学报》2011 年第 2 期。
[⑤] 孙彩虹：《国外民间文学艺术法律保护实践及其启示》，《河南大学学报》2011 年第 2 期。
[⑥] ［阿根廷］Carlos M Correa：《传统知识与知识产权——与传统知识保护有关的问题与意见》，国家知识产权局条法司译，日内瓦 Quaker 联合国办公室（QUNO）2001 年版。

重在向公众通报有关问题谈判的进展情况和背景资料，距离提出切实可行的国际解决方案还十分遥远。

综上分析，现有研究对土家族传统知识的知识产权保护问题探讨已有一定成果积累，但仍然存在一些需要深入挖掘和后续跟进研究的地方，例如传统的《知识产权法》没有充分涵盖或保护土家族人民的知识和创新；有关土家族传统知识的知识产权的保护模式、保护对象、权利主体、对受侵害的救济手段以及特别权利保护体系的内容等均有较大争议。国内对土家族传统知识知识产权保护问题的解决，更加需要进一步的创造性思考。本章拟围绕土家族传统知识特别知识产权保护的制度构建内容展开研究，具体而言，从土家族传统知识的权利客体、权利主体、权利内容及权利限制等几个方面论述。

第二节 土家族传统知识权利客体

土家族传统知识特别知识产权保护的制度构建，是对现行知识产权保护制度外延的扩展与完善，为了使这一新的制度的权利主张和保护切实可行，首先要界定好这一新制度的权利客体，即明确该制度所保护的适用对象。

一 土家族传统知识权利客体的认定主体

近年来，国家对非物质文化遗产的搜集、整理、保护、传承与发展非常重视。土家族传统知识属于其中一部分，依法搜集、整理、普查、确认、保护等工作是国家和公民应尽的职责和义务。土家族传统知识属于土家族人民及生活在土家族区域人民的集体财富，承担这些工作的职能机构只能是土家族自治政府。在不违背国内相关法的框架下，政府部门应当设立土家族地区非物质文化遗产保护专项资金，成立一个单独行政部门或专门机构，由专门人员从事对土家族传统知识的搜集、整理、普查、研究等工作，对重要的土家族传统知识进行有效保护，对此做出重要贡献的人员也要进行物质奖励和精神鼓励。政府作为认定主体,需制定相应措施对土家族传统知识进行全面普查、搜集、整理,设立专家委员会进行确认,制订计划,提出宝贵意见,积极抢救、保护重要的土家族传统知识。政府部门还要加大力度,在本地区推广与土家族传统知识内容有关的职业教育、职业培训、媒体宣传,有效传承土家族传统知识。

二 土家族传统知识权利客体的认定标准

土家族传统知识主要包括土家族传统手工制作工艺、传统医药、传统习惯和传统文艺四个方面的内容。对土家族传统知识的权利客体需要一定的标准进行认定。

(一) 土家族传统知识的有用性

引发人与人之间利益冲突的客观事物必须具备三个属性,即有用性、可用性、稀缺性。其中,有用性是指某种客观事物能满足人的需要,能对人产生利益。[①] 土家族传统知识的有用性指权利客体必须具有现实或潜在商业利用价值。承认土家族传统知识具有潜在的无形、有形资产价值是构建特别知识产权保护制度的目的。土家族传统知识是否具有有用性理应成为特别知识产权保护制度的权利客体认定标准之一。土家族传统知识必须具备有用性,离开了有用性,构建特别知识产权保护制度就失去了产生与存在的意义。

(二) 土家族传统知识的地域性

构建特别知识产权保护制度仅适用于土家族地区的所有传统知识,而不应当具有普遍适用性,仅具有区域性。美国迪格尔印第安人(Digger Indian)有一句箴言:"创世之初,上帝就赐给每一个民族一只陶杯,人们从这个杯子里汲取生命的滋养。"自然环境的不同决定了人们生活方式的不同,这种生活方式的不同也意味着,无论是地理标志,还是土家族非物质文化遗产都具有强烈群体性和地域性特征,

---

[①] 朱谢群:《创新性智力成果与知识产权》,博士学位论文,中国社会科学院,2004年,第8页。

这一切都是自然因素和人文因素共同努力与作用的结果。[①] 该知识如果脱离其产生的地域和环境就失去了根基，变成了无源之水、无本之木，就可能会褪色甚至消亡。对那些早已广泛流传国内、海外的、并为大众普遍适用，及对人们影响较大的土家族传统知识，不能纳入该制度权利客体的保护范围。

（三）土家族传统知识的传统性

认定该制度权利客体的一个很重要的因素就是土家族传统知识具有传统的特征。"传统性"特征深刻地表明了这类知识的本源性是基于传统，而不同于现代知识产权制度所保护的基于新的智力创造的现代知识。[②] 传统特征本身绝不意味着它是古老的、陈旧的、不科学的和僵化的，它是随着土家族适应特定的自然和社会环境的挑战而连续不断更新、创新及充实土家族传统知识的形式和内容。土家族传统知识权利客体应当具有土家族地区本身所特有的传统背景和传统文化特征。

三　土家族传统知识权利客体的认定方式

上述可知，只要符合权利客体认定标准，就属于土家族传统知识保护客体范畴。该制度权利取得可以通过自动认可和依法登记注册这两方面来实现。自动认可是指只要符合制度规定的权利客体认定标准和保持法律规定的土家传统知识构成要件，无论采用哪种形式和以哪种状态存在，皆可自动、持续获得特别知识产权保护制度的合法有效保护。依法登记注册认定是指必须首先依法提出申请，经审查核实批准之后，进行登记、公示，然后对其进行注册，依法按照这些规定的程序，获得特别知识产权保护制度的合法有效保护。根据该制度权利取得方式，可以推断出土家族传统知识权利客体认定方式有以下两种：

[①] 黄丽娜、邓莹辉、杨春娥：《土家族非物质文化遗产知识产权的保护现状评析》，《三峡论坛》2016年第6期。

[②] 臧小丽：《传统知识的法律保护问题研究》，博士学位论文，中央民族大学，2006年，第11页。

(一) 被动认可

土家族传统知识的持有人和利用人之间没有出现经济利益失衡和其他利益纠纷的情况下,没有必要对双方交易的对象是否属于土家族传统知识权利客体的认定。只有在持有人和利用人之间出现经济利益失衡和其他利益纠纷的情况下,才有必要对双方交易对象是否属于对该制度权利客体进行认定。这种方式使得特别知识产权保护制度保护处于一个不确定的状态,实施起来不具有现实的可操作性。

(二) 自动认可

被依法登记注册认定的土家族传统知识获得特别知识产权保护制度的合法有效保护。它属于事先认定的方式,类似于专利权和商标权的保护方式。即使符合制度规定的权利客体确认标准和保持法律规定的土家传统知识构成要件,不管其采用哪种形式和以哪种状态存在,则都不能实施权利主张,只能依法履行国家现行法律所规定的登记注册法定程序后方可行使权利的申请。这种方式使得特别知识产权保护制度保护处于一个很确定的状态,实施起来很易操作。有学者认为,构建一种传统知识的特别知识产权保护制度是一种私权保护体系,法律制度创建中应当明确该项权利客体,即认为采用第二种方式,事先认定的方式更为适宜。传统知识作为特别权的适用对象并不存在普遍适用性,对经济利益分享适用积极性保护,只是可以满足法律规定条件下的一种特例。

总之,避免土家族传统知识持有人的合法权益不受到侵害,使土家族传统知识的持有人和利用人之间的经济利益保持平衡。即使那些已纳入无偿公共领域的土家族传统知识虽已不存在经济纠纷,也要保护土家族传统知识的精神权利。土家族传统知识的特别知识产权保护制度权利客体的两种认定方式需同时进行,二者缺一不可、互为补充。第一种方式:事后认定。在土家族传统知识的持有人和利用人之间没有出现经济纠纷和土家族传统知识权利主体的精神权利不受到伤害的情况下,对其权利客体不用认定,可以节约程序上的人力、物力和时间。这种方式适合那些一般的、普通的、无争议的、经济价值不大的、不构成明显经济纠纷的土家族传统知识。第二种方式：事先认定方式。依法履行规定程序，明确该权利客体，法理清楚明确，毋庸置疑，让非法利用人为取不当利益无隙可乘。这种方式走法定程序，耗资、耗时、耗力，相比于第一种方式，更适合于那些特殊的、具有很大经济价值的、很有争议的、很易构成利益纠纷的土家族传统知识。

第三节 土家族传统知识权利主体

《生物多样性公约（CBD）》是赋予土著社区和个人生物多样性所有权的主要国际公约，从而赋予他们保护这一知识的权利。土家族传统知识产于民间，主体具有不确定性。土家族地区的传统社会内部诸多的本民族的风俗习惯、历史渊源、宗教信仰、族群特征及社会秩序结构等等导致无法进行确定归属主体的权利；土家族前人经历远古部落时代的社会历史变迁中的个人社会等级、地位和在本族部落上的社会角色以及部落祖先的精神联系等众多因素不能确定和意识到个体专利权利的归属。[①] 很多情形之下，为土家族传统知识做出具体贡献的人的情况，如姓甚名谁、哪一个朝代，由于历史的不断变迁原因都不得而知。土家族集体所掌握的传统知识和特殊技能，在某一点上也没有标注属于某人所为，土家族传统知识个体的贡献作用就逐渐以集体智慧力量所代替。土家族传统知识的所有权应归属于产生作品的土家族人集体所有。土家族人集体创作和再创作的传统知识，让谁代表集体行使权利，也是目前面临一个争议很大的问题。明确土家族传统知识在产生、发展、创新、传承、使用的每一个环节中，具体权利主体是构建土家族传统知识特别保护方式的前提条件。

一 土家族传统知识保护的权利持有人

为了保护传统知识（TK），定位知识的持有者是很重要的。谁拥

[①] 杨春娥、李吉和：《土家族传统知识的内涵、内容与特征探析》，《湖北民族学院学报》2014年第2期。

有 TK？是人类，还是资源所在的国家和社区？有学者认为"知识持有者是掌握或使用知识的人。知识的持有者可以是个人、多个人或整个社区。此外，知识主张可以由任何个人、多个人或一个社区持有"。[①]所有权问题非常重要，在处理权利归宿问题时必须加以考虑，这个问题的答案在于《生物多样性公约（CBD）》。CBD 明确指出，"个别国家及其人民有权根据自己的环境政策开发自己的资源"。[②] 换句话说，在解释 CBD 的时候，自然的所有者是一群人或社区，在此基础上发展了这种知识。因此，可以总结说，传统知识的拥有者是土著人民或社区，他们世代保存、保护和发展知识。

对于土家族传统知识保护而言，创建特别知识产权保护制度是在私权的框架内进行，制度本身的权利主体也就是私法上的主体，土家族传统知识主体上的集体性并不影响该制度的私权性。私权并不只属于土家族个人的私有化权利，也包括土家族自治政府或土家族人集体权利。对土家族传统知识权利主体需作以下三项规定：第一，土家族传统知识的权利归创造、再创造，及持有土家族传统知识的土家族地区和土家族人集体所有；第二，当权利主体不确定时，土家族传统知识的智力成果权利归土家族自治政府所有；第三，不属于土家族地区的传统知识，但在土家族地区为土家族人做出重大贡献力量的传统知识，其智力成果权利归国家所有。除了土家族传统知识的权利主体属于土家族集体之外，还有与集体创造土家族传统知识相关的一些主体，如对土家族传统知识进行再创造性的改编、整理、编辑产生的新作品，这些介入改编、整理、编辑的人都应作为该作品在《著作权法》保护下的著作权主体。但前提是不能侵犯土家族传统知识的权利，要对这些著作权主体权利加以限制，并在版权上备注该新作品来源于土家族

[①] See Stephen A. Hansen and Justin W. VanFleet, Traditional Knowledge and Intellectual Property: A Handbook on Issues and Options for Traditional Knowledge Holders in Protecting Knowledge Holders in Protecting their Intellectual Property and Maintaining Biological Diversity (AAAS, 2003) at 44.

[②] See Johan Ragnar, "Biopiracy, the CBD and TRIPS – The Prevention of Biopiracy", Faculty of Law, University of Lund (2004). Online：〈http：//lup.lub.lu.se/luur/download? func = download File&recordOId = 1561387&fileOId = 1565619〉.

传统知识某一集成片。

二 土家族传统知识保护的行使人

土家族传统知识的权利主体是土家族传统知识利益的归属人和享有人，土家族传统知识的行使主体就是实际主张、行使和实现土家族传统知识利益的集体组织或机构。从《著作权法保护条例》可知，行使著作权需要明确主体。土家族传统知识是土家族人集体创造的，不属于某个个体所为，主体不明确，集体行使著作权很困难。通常情况下，只能由其集体组织或代表机构或土家族政府管理部门代为行使。如集体组织中某个人的新创作，反映了土家族特有民族风情、风格、典型民族特色的作品，其著作权应当是该集体所有，这可以由土家族政府管理部门代为行使著作权。那些主体不确定的土家族传统知识的智力成果权归属于土家族自治政府，土家族自治政府又授权给某一个行政部门或集体组织代理行使权利。如果土家族人认为，代理行使机构对土家族传统知识的使用侵害了他们自身的经济利益和精神权利时，则可以向土家族自治政府及其主管土家族传统知识的民族文化保护管理部门提出权利主张要求，该行使主体可以代表土家族人和土家族自治政府向司法机关提出诉讼申请。但其行使一切权利时，必须在权利主体事先认可下进行有效实施，不能任意主张权利。

三 土家族传统知识保护的传承人

土家族传统知识是土家族人共同、共有、共认同而世代保存、传承、创新、永续发展到现在，具有集体性特征。从现有的表现形式上来看，在传承过程中有着相对确定的传承主体，传承人有可能是自然人、一个家庭或一个集体组织。无论是集体传承还是个体传承，都是用不同的方式反映了土家族特有民族灵魂和集体智慧的记忆。传承土家族传统知识是集体和个体共同努力与作用的结果，也充分体现了传承对于文化多样性理论的重要性。在法律规定的框架下，确认土家族传统知识的传承主体，目前学界有些不同的认识。有学者认为，土族传统知识的传承者可以分为三类：第一类，传统的积极携带者，指那些"讲故事、唱歌的土家族人"；第二类，传统的消极携带者，指那些积极携带者表演的土家族人；第三类，"衍生型"指适应环境的改变，而在传播中"变异"土家族传统知识的土家族人。这种分类只是属于一种概括性的传承主体，个别情况要因人而异、具体情况具体分析，不能一概而论。土家族传统知识的传承人因自身的文化修养不同，对其理解能力和解读能力各有偏差，使原有土家族传统知识变异，传承的过程中还带有不断创新与发展的过程，该过程又与现实环境和经济发展需求紧密联系。因此，土家族传统知识传承人既属于土家族传统知识特别知识产权保护制度的传承人，又属于《著作权法》保护下的著作权所有人。

第四节　土家族传统知识权利内容

国际法层面对传统知识权利内容的适用标准和使用称谓进行了相关表述。据WIPO调查，拥有传统知识者及其利益代表组织在以下四种权利方面表达对知识产权的需求：第一，掌控揭露和利用的权利；第二，获得商业盈利的权利；第三，获取公众承认归属的权利；第四，防范贬损、侵害和曲解使用的权利。[①] 对于土家族传统知识而言，其本身特有属性及私权保护考虑，将土家族传统知识特别知识产权保护制度的权利内容概括为土家族传统知识的精神权利和财产权利两方面的内容。

一　土家族传统知识的精神权利

土家族传统知识是土家族人世代勤劳智慧创造的集体结晶。现有部分土家族传统知识已进入"公共领域"，部分还存留于民间。对那些已进入公共领域的而言，不存在经济利益纠纷。但其持有人的精神

---

① 胡丽君：《传统知识与知识产权》，《中华商标》2003年第9期。

权利和处于公共领域外的知识一样都应当受到合法有效保护。

(一) 土家族传统知识的公开权

土家族人的风俗习惯、历史渊源、宗教信仰、族群特征等因素造就了土家族传统知识具有独特的神秘色彩。针对这部分知识的隐私性是否向土家族以外的人公开，何时公开，以什么样的方式公开，都应当由土家族传统知识的权利主体决定。此外，进行搜集、记录、整理土家族传统知识的人，虽不享有著作权，却拥有将其公开的权利。如果在没有允许公开的情形之下擅自公开者触犯法律，发生侵权行为，理应受到法律制裁。

(二) 土家族传统知识的标明来源权

标明来源指为了防止土家族传统知识被无偿盗用，使用时要标明知识的来源或出处。标明来源权利被有些学者所称之为署名权，实际上是适合著作权保护下的一个称谓而已，却不适用于对土家族传统知识的表述，土家族传统知识保护的内容是那些标明出自土家族所使用的传统知识。对那些受到土家族传统知识启示而对作品进行整理、改编和再创作的人，享受《著作权法》保护。因此，在获得精神权利和经济利益的回报同时，必须尊重原创群体的精神权利，必须标明产生该作品的群体和地区。例如土家族的民歌《龙船调》是原湖北利川柏杨土家族人划龙船时的伴唱。1955年，在利川举办民间文艺会演时，柏杨代表队用此伴唱表演《种瓜调》，后经人整理与完善改名《龙船调》，由此传遍国内外，成为世界经典民歌之一。但很少说明或标明该原创出处是湖北省利川土家族的民歌，这种做法无疑伤害了湖北省利川土家族的精神权利。

(三) 土家族传统知识的完整权

保护土家族传统知识完整性是指为了防止土家族传统知识被有意或无意滥用，在保护土家族传统知识时，要防止作品受到歪曲、篡改及贬损。保护土家族传统知识完整性是借鉴于《著作权法》保护作品完整权，实际上是为了保护土家族传统知识在使用过程中的原真性。对其进行诠释、理解和利用时，要按照土家族民族的价值观和世界观角度出发，运用于土家族特定的文化和宗教信仰的历史和文化环境的背景去实施，这样才不会伤害土家族民族感情和尊严，以及土家族传统文化的原真性。譬如中央电视台综艺频道（CCTV-3），在2009年10月8日、25日的"舞蹈世界·舞动中国"栏目中，连续在第37、38期播出了"土家族舞蹈的欢乐"节目。在表演中，对土家族人原创的摆手舞的舞蹈内容进行了误读与曲解，把土家族传统民族文化艺术演绎得面目全非，完全失去了土家族文化的本原性，许多学者都对该节目内容的曲解与误读之处进行了客观而又公正的评论。又如，土家族民族舞蹈和音乐的表演需要在特定的场合、背景和时间才能进行。倘若背离土家族传统知识的文化背景和传统习俗，将土家族人民带有神圣的敬畏色彩或忌讳内容的符号、名称、音乐、舞蹈、宗教仪式等随意进行使用，那便割断了传统知识与土家族地区人文风情的必然联系。这一切都在客观上构成了对土家族传统知识的完整性权利的侵犯，从而伤害了土家族的民族精神情感和自尊。

二 土家族传统知识的财产权利

怎样保护好土家族传统知识的财产权？哪些方面的知识是不需要支付使用费就可以无偿自由使用，从而获得利益最大化？哪些方面的知识是要相应支付使用费而使用的？有效解决这些问题的根本途径在于合理维护和均衡土家族集体经济利益与社会公共利益之间的关系。

（一）土家族传统知识的收益权

权利主体因拥有专有权，可以直接投入商业性使用而获得收益权。对土家族传统知识专有权的使用而获得的收益权而言，既是土家族群体对土家族传统知识所拥有的本原权，也是一种对知识进行活态传承的本原方式。

（二）土家族传统知识的报酬权

对土家族传统知识自身许可权的使用而获得的报酬权，意指土家族传统知识权利主体对权利主体以外的人进行授权，对某些指定的土家族传统知识进行合理性商业开发，或在此基础上再创造，从而获得巨大经济效益。权利人以外的其他人进行商业性使用土家族传统知识时,在遵守相关法律规定所承担的一定责任和义务之外,还必须事先获得土家族传统知识权利人给予的许可权,向该权利人支付相应的使用费。对土家族传统知识进行搜集、记录与整理的工作,具有很强的学术性、专业性和原真性,复杂程度也很高。对那些不能融入个人的思想元素和个人主观意识行为,只能按照原创者对该作品的表现形式和思想意识行为去搜集、记录及整理。此项工作难度很大,要耗费大量的脑力、体力活动。对这些搜集和记录土家族传统知识的人,要根据劳动量的大小给予一定比例的报酬。对土家族传统知识进行整理的人而言,应当获得一定比例使用费的报酬权,充分体现了人权学说范畴内的劳动权理论。

(三) 土家族传统知识的利益分享权

《生物多样性公约》的一个关键方面是它承认各国对其生物多样性和知识的主权权利,这是对获取利益进行管制和执行其权利以分享利益的安排的权利。"在获得许可的情况下,应采用双方同意的条款(第15.4条),并应事先得到知情同意(第15.5条)。此外,提供资源的国家应充分参与科学研究(第15.6条)。各国应采取立法、行政或政策措施,目的是与提供这种资源的缔约方分享研究和发展的公平和公平的成果,以及利用遗传资源的商业和其他利益"。[①] 针对土家族传统知识的利益分享权而言,是指土家族传统知识权利人有权获得他人在土家族传统知识原创基础上进行改编、创新与再创造所产生的智力成果,并运用于市场上的商业性行为而产生的经济利益进行利益分享的权利。

(四) 土家族传统知识的事先知情同意权

《生物多样性公约》第15.4条确认了事先知情同意的条款,并指出,"获得遗传资源须经缔约方事先知情同意,否则由缔约方另行决

---

① See OAU Model Law, "African Model Legislation for the protection of the Breeders Rights of LocalCommunities, Framers and Breeders and for the regulation of Access to Biological Resources", Algeria, 2000. Online: ⟨http://www.opbw.org/nat_imp/model_laws/oau-model-law.pdf⟩.

定"。因此,利用与研究土家族传统知识的组织或个人有义务提供其工作的充分信息,并应得到所有者的同意。一些国家已将这一规定列入保护传统知识的管理框架。例如,非洲建立了非洲统一组织示范立法①关于生物资源的获取和社区权利的保护。印度颁布了《2002年印度生物多样性法案》②,承认通过国家生物多样性管理局(NBA)提供了事先知情同意。③ 这个机构的作用是对生物资源的研究进行监督,强制外国研究者披露研究目的和利用情况。

第五节 土家族传统知识的权利限制

土家族传统知识特别知识产权保护制度的权利限制主要体现在两个方面:第一,该权利限制是否限定土家族传统知识的有效保护期限;第二,如何规定不侵犯土家族传统知识的主体行使权利的方式。

一 土家族传统知识保护期限的限制

在我国现行知识产权法律框架下,《著作权法》《专利法》《商标法》的保护都规定有"保护期限"和"有效期限",权利人只能在法定期限内享有各种权利。著作权和专利权在有效期限满期后,权利消失,该保护的权利客体进入"公共领域"区。《商标法》保护在有效期届满后,如想继续使用商标,可以依法办理续展,无限次数延长保护期限。《知识产权法》设定法定期限反映了当今社会发展的必然要求,也是为了合理维护社会公众利益和有效平衡知识产权权利人的私权利益与社会公众的公共利益。同时,《知识产权法》设定法定期限

---

① See WIPO, Online: ⟨http://www.wipo.int/wipolex/en/details.jsp? id=6058⟩.

② The National Biodiversity Authority (NBA) was established in 2003 to implement India's Biological Diversity Act (2002). The NBA is Autonomous body and that performs facilitative, regulatory and advisory function for Government of India on issue of Conservation, sustainable use of biological resource and fair equitable sharing of benefits of use. Online: ⟨http://nbaindia.org/content/16/14//introduction.html⟩.

③ See Krishna R. Domaraju supra note 87 at 237 to 238.

的目的在于当现行法律规定的有效期限届满后，可以保障社会公众能够自由、免费地获取、使用知识信息，除满足自身的需求外，还可以更进一步促进和推动对知识的广泛传播。

就土家族传统知识保护而言，知识产权保护制度设定保护期限具有一定的局限性。土家族传统知识历史源远流长，不断连续缓慢创作而又不断创新，持续发展着它的内容和形式，是一个长期过程。该知识在不断地传承过程中处于一个不断动态发展的变异过程，不是一个固体性客体，从而无法计算法定保护期的起始时间，对土家族传统知识的传承是一个活态传承，同时也符合文化多样性理论的要求。土家族传统知识的保护是不能设定保护时间限制的，应当是无限期保护。对于那些已被编入《著作权法》《专利法》《商标法》保护的土家族传统知识，进行法律规定有效期限保护范畴的，在其法定允许的保护期限过后，重新通过法定程序登记注册或自动转入土家族传统知识特别知识产权保护体系内，进行无限期保护。

二 土家族传统知识权利行使方式的限制

土家族传统知识特别知识产权保护制度的权利限制是通过一些"主体权利行使方式"体现出来的，主张和行使土家族传统知识特别知识产权保护制度的主体权利行使方式主要发生在以下方面：第一，土家族传统知识的改编者和再创造者享有著作权保护，在其行使著作权时要受到一定的限制，是不得侵犯土家族传统知识权利主体所享有的精神权利和财产权利；第二，土家族传统知识权利主体具有集体性特征，土家族集体成员在对该知识进行利用或传播时，必须依据土家族人民的传统习惯进行，也就是要对土家族传统知识的本原性利用；第三，当土家族传统知识权利人授权给其以外的人利用土家族传统知识时，无论是营利还是非营利性使用，皆不能滥用，应当以合理性使用为标准，应当以维持土家族传统知识的良性发展为前提条件正常使用。

本章小结

　　当前，无论是国际社会层面还是国内社会层面，维护传统知识的生物多样性和文化多样性的可持续发展，已经获得了普遍共识。针对土家族传统知识的生存、传承与发展所面临的问题，一是土家族传统知识濒危的困境；二是由于国内外不法人士对其不正当利用造成的经济利益失衡；三是土家族传统知识逐渐被边缘化的事实；四是土家族传统知识的精神权利受到无情的践踏。而在现行的知识产权保护法律框架下，无论我们怎样努力，现有的《著作权法》保护、《专利法》保护、《商标法》保护、地理标志保护、商业秘密保护、反不正当竞争保护等知识产权体系都仅能从某一方面对土家族传统知识承担起保护的任务，都不能完全承担起保护土家族传统知识的保护作用。本着积极借鉴国内外先进立法经验，结合土家族传统知识本身所具有的独特属性，完善现行知识产权法律保护制度，全方位促进土家族传统知识获得利益保护。土家族传统知识历史悠久、源远流长，因它独特的自然环境、人文地理优势而造就了十分丰富的资源，更对中国传统的民族经济与土家族地区社会经济的发展起着重要作用。土家族传统知识特别知识产权保护的制度构建，有效地完善了国家立法的具体化，充分体现了国家宪法精神的立法宗旨。构建特别知识产权保护制度将确保保护土家族独特的传统知识、造福土家族社区及防止他们的传统知识被滥用。这将是承认土家族传统知识所有权和保护土家族社区权利的一种法律途径。解决这一问题并使这一建议成为一项成功的立法，还有很长的路要走，需要深入研究。这需要对土家族社区进行一些实际调查和访问，以便更好地了解他们的问题和需要。对此，需要避免一些可能存在的认识偏差，即土家族传统知识知识产权保护的初心是首先基于对土家族自身文化觉醒，探寻其民族文化之本源，且相信其文化有机体的生命力：历史悠久的土家族文化在漫长的历史进化演变中，不断地进行着自身的新陈代谢，作为其传统知识文化权益的拥有者，拥有对其传统知识的所有权益。而其中表现于精神层面，土家族人民是其传统知识鉴定审议扬弃及承继的主体。

以传统而言，这个民族从来不会以单一的经济目的为价值中心，其本身文化中就带有多元性选项。在寻求于法律对其传统知识进行知识产权保护时，应该清楚其实施主体，尊重其选择。在言及文化多元性的时候，首当其冲是避免文化中心主义的定式思维，回避短视的经济中心论影响，切实以文化自觉为目标趋向。

结　　语

费孝通先生提出的"文化自觉"是一宏大的概念。如其本人也曾断言，文化自觉的实现过程，势必艰巨而漫长。在踏上这漫漫长路的时候，有必要对这一概念进行更深入的解析：文化自觉，首先是对本民族文化传统的一次深入而广泛的自我认识——于此就不能不涉及民族的物质遗产及非物质遗产的保护。其次是自我认识的基础上对他族文化的了解。进而，就是费先生所说的："各美其美，美人之美，美美与共，天下大同"——在这一对文化自觉进程的唯美描摹中，还指明了文化自觉的目的趋向，即自我认识及对其他文化的理解目的到底是什么？

以"美美与共，天下大同"来看，文化自觉的终极目的就在于全人类的文化多元性，及因此而促成人类文明的继续发展。这种文化的多元性，是以破除文化中心主义为前提的——这就是说我们在进行传统知识保护的时候，本应具备的就是一种世界视角以及相应的人文关怀。

文化多元性并不是一个舶来概念，其思想认知一直贯穿我国历史的始终：《礼记·王制》在言及中国"五方之民"的习俗、器械、民族性情的巨大差异，且于"五方之民"交流互动关系中，提出"不易其俗，不易其宜"的主张。于文字记载而言，这可能是先民之于"文化多元"思想的最早记录。此类言语屡屡出现在于我国早期典籍作品，如儒家典籍《论语》中的"和而不同"，如《国语·郑语》中记载过周太史史伯的名言：和实生物，同则不继——简单八个字，相当全面表述了"文化多样性"这一概念的核心内涵。到了宋代，大学士苏东坡对史伯的这句话又做了更深入形象的阐述，苏轼在《答张文潜书》中对排斥"多样性"的结果说："惟荒瘠斥卤之地，弥望皆黄茅白苇。"笔者不忌冗赘罗列这些，只是想说明"文化多样性"的思想根基早就深入我国文化血脉，而这种思想认识的深植对推进文化自觉，进而践行我国近些年来倡导的"文化立国"的国家价值观，转变旧有的"以经济建设为中心"的思想认识，善莫大焉。

冯骥才先生在其《为文化保护立言》一书中说：一个国家的价值观，不应该是以钱为核心的。在把国家意志完全表述为以经济建设为核心的情况下，"文化失去了其本身最神圣的功能——对文明的推进，还有自身的发展和繁荣"。随即他比较了"文化自觉"和"文化自信"两个概念的密切联系，认为文化自觉的首要任务就是对自己文化的切实理解，唯有切实的理解认识，才可能懂得中华文化所具有的高度及其在人类文明中的价值。否则，自信何来？

由于我国民众普遍的文化意识淡薄，其中一显著认识就表现在传统民间文化的轻慢和忽略。很多时候很多人之于文化的理解仅仅局限于具体实在的遗址、文物、诗词文艺，而对"非物质文化"的价值意义认识不足。所幸是随着国家"文化立国"的战略方针的提出和施行，这方面的进步是显著的。自2004年我国政府批准加入联合国《非遗公约》后，2005年3月国务院办公厅公布了《关于加强我国非物质文化遗产保护工作的意见》，开启了我们这个文明古国全面系统的非物质文化遗产的保护。次年年底，国务院再次下达《关于加强文化遗产保护的通知》，明确了对非物质文化遗产保护的具体措施：包括对其概念的确定，对非遗的普查、建立相应的遗产保护名录——尤其着重提出对少数民族传统文化知识及文化生态区的保护问题。国务院于2006年公布518项国家级非遗保护名录后，2008年6月发布《国务院关于公布第二批国家级非物质文化遗产拓展项目的通知》510项保护名录，其中少数民族项目占180余项。国务院分两次公布了国家级非物质文化遗产项目代表性传承人名单，共777人。这些行政法规、文件的公布，多次引发了人民的关注和讨论，并于网络媒体形成热门话题，从客观上起到极大的宣传推介效果，极大促进了我国人民对非遗保护的认识及相应文化意识的提高。

具体到土家族的非物质文化遗产，土家族的传统知识——土家族文化历史丰富、悠久，其独特的历史进程及所处的地理环境，使得土家族的传统知识于文化层面更具备优异性。如我们前文一再提及的土家族的独特性，这一独特不仅表现在其自身传统文化的丰富性及连贯性，更多是其文化和诸多其他文化的交融冲突以及相互间的各种融合，也就是说其独特性不仅表现在其文化有机体自身的内涵，还包括外来文化的痕迹及所带来的印记留存。

本书自土家族的传统知识界定开篇，试分别阐述土家族传统知识知识产权的文化价值及经济利益。对照国外相应的法律制定实施情况及其利弊，联系我国的非遗法和地方法规，欲图探寻更为完善的法律保护体系对其传统知识予以更好的保护。

土家族文化是我国民族文化多样性的重要组成部分，其相应的传统知识在现代工业文明及人类社会必经的城镇化进程中，受到很大的威胁和损毁，亟待予以保护。在我国确定以文化立国的大政方针的背景下，土家族的传统文化知识的保护，也就越发能体现其价值和意义。近些年来，土家族的传统文化保护工作取得了丰硕的成果，从土家族人民文化觉醒后的自发自觉，到基于经济建设为目的的保护、利用开发，及至再进一步，地方政府在国家法律引导下的各种行政辅助、群策。而寻求法律对土家族传统知识，对其知识产权权益的法律保护一直是保护工作宏观层面而言的重中之重。

当前，无论是国际社会层面还是国内社会层面，维护传统知识的生物多样性和文化多样性的可持续发展，已经成为了普遍共识。针对土家族传统知识的生存、传承与发展所面临的问题，第一方面是土家族传统知识的濒危困境，第二方面是由于国内外不法人士对其不正当利用造成的经济利益失衡，第三方面是土家族传统知识逐渐被边缘化的事实，第四方面是土家族传统知识的精神权利受到无情的践踏。而在现行的知识产权保护法律框架下，现有的《著作权法》保护、《专利法》保护、《商标法》保护、地理标志保护、商业秘密保护、反不正当竞争保护等知识产权体系都仅能从某一方面对土家族传统知识承担起保护的任务，不能完全承担起保护土家族传统知识的保护作用。因此，在现有的知识产权保护法律框架下，构建一种积极的权利保护机制——土家族传统知识的特别知识产权保护制度，本着积极借鉴国内外先进立法经验，根据土家族传统知识本身所具有的特征，完善现行保护各民族传统知识的特别知识产权保护制度和土家族地方自治政府制定的法规，使得土家族传统知识能够得到全方位的保护。同时，不影响各民族的传统知识在《著作权法》《专利法》《商标法》地理标志保护、《反不正当竞争法》、商业秘密保护等法律、法规下所享受的权利和获得应有的保护，那么它们之间是互为补充、互不影响的关系。

土家族传统知识历史悠久、源远流长，因它独特的自然环境、人文地理优势而造就着十分丰富的资源，土家族传统知识保护对于中国经济和土家族地区社会经济的发展仍具有非常重要的作用，同时，通过为土家族传统知识进行特别保护的制度方式也是中国人民和土家族人民的一种美好的愿望和期待。

对于土家族传统知识的保护任重而道远，本书在理论阐述上虽然尚不尽成熟，但值得去继续探索和尝试。

参考文献

一 中文专著类

柏贵喜：《转型与发展——当代土家族社会文化变迁研究》，民族出版社 2001 年版。

曹毅：《土家族民间文化散论》，中央民族大学出版社 2002 年版。

戴琳：《民族民间传统文化产业的制度环境》，中国社会科学出版社 2007 年版。

丁丽瑛：《传统知识保护的权利设计与制度构建：以知识产权为中心》，法律出版社 2009 年版。

董炳和：《地理标志知识产权制度研究——构建以利益分享为基础的权利体系》，中国政法大学出版社 2005 年版。

杜瑞芳：《传统医药的知识产权保护》，人民法院出版社 2004 年版。

段超：《土家族文化史》，民族出版社 2000 年版。

费孝通：《费孝通论文化与文化自觉》，群言出版社 2007 年版。

冯晓青：《知识产权法哲学》，中国人民公安大学出版社 2003 年版。

高其才：《中国习惯法论》，中国法制出版社 2008 年版。

古津贤：《中医药知识产权保护》，天津人民出版社 2007 年版。

管育鹰：《知识产权视野中的民间文艺保护》，法律出版社 2006 年版。

国际行动援助中国办公室：《保护创新的源泉：中国西南地区传统知识保护现状调研与社区行动案例集》，知识产权出版社 2007 年版。

国家保护知识产权工作组编：《知识产权法律法规及国际规则汇编》，

人民出版社 2008 年版。

韩小兵：《中国少数民族非物质文化遗产法律保护基本问题研究》，中央民族大学出版社 2011 年版。

河山、军华：《非物质文化遗产法概要》，知识产权出版社 2013 年版。

胡炳章：《土家族文化精神》，民族出版社 1999 年版。

胡萍、蔡清万：《武陵地区非物质文化遗产及其文献集成》，民族出版社 2008 年版。

黄淑聘、龚佩华：《文化人类学理论方法研究》，广东高等教育出版社 2004 年版。

黄玉烨：《非物质文化遗产的法律保护》，知识产权出版社 2008 年版。

黄玉烨：《民间文学艺术的法律保护》，知识产权出版社 2008 年版。

李昶等：《道地药材的知识产权保护研究》，上海科学技术出版社 2011 年版。

李发耀：《多维视野下的传统知识保护机制实证研究》，知识产权出版社 2008 年版。

李明德：《美国知识产权法》，法律出版社 2003 年版。

李墨丝：《非物质文化遗产保护国际法制研究》，法律出版社 2010 年版。

李仁真、秦天宝、李勋：《WTO 与环境保护》，湖南科技出版社 2006 年版。

李秀娜：《非物质文化遗产的知识产权保护》，法律出版社 2010 年版。

林耀华主编：《民族学通论》，中央民族大学出版社 1997 年版。

刘春田：《知识产权法（第二版）》，高等教育出版社 2003 年版。

刘守华：《非物质文化遗产保护与民间文学》，华中师范大学出版社 2014 年版。

刘锡诚：《非物质文化遗产：理论与实践》，学苑出版社 2009 年版。

刘孝瑜：《土家族》，民族出版社 1989 年版。

罗康隆、黄贻修：《发展与代价：中国少数民族经济发展问题研究》，民族出版社 2006 年版。

马治国:《西部知识产权保护战略》,知识产权出版社2007年版。
彭英明:《土家族文化通志新编》,民族出版社2001年版。
彭振坤、黄柏权主编:《土家族文化资源保护与利用》,社会科学文献出版社2007年版。
乔晓光:《活态文化——中国非物质文化遗产初探》,山西人民出版社2004年版。
秦天宝:《生物多样性保护的法律与实践》,高等教育出版社2013年版。
秦天宝:《遗传资源获取与惠益分享的法律问题研究》,武汉大学出版社2006年版。
冉春桃、蓝寿荣:《土家族习惯法研究》,民族出版社2003年版。
宋俊华、王开桃:《非物质文化遗产保护研究》,中山大学出版社2013年版。
宋晓亭:《对传统知识赋权的法理分析及其权利特征的探讨》,北京大学出版社2008年版。
宋晓亭:《中医药传统知识的法律保护》,知识产权出版社2009年版。
苏品:《民间文化传承中的知识产权》,社会科学文献出版社2012年版。
苏州市传统文化研究会:《传统文化研究》,群言出版社2006年版。
田荆贵等:《中国土家族习俗》,中国文史出版社1991年版。
王鹤云、高绍安:《中国非物质文化遗产保护法律机制研究》,知识产权出版社2009年版。
王景、周黎:《民族文化与遗传资源知识产权保护》,知识产权出版社2011年版。
王凌红:《专利法学》,北京大学出版社2007年版。
王文章:《非物质文化遗产保护国际学术研讨会论文集》,文化艺术出版社2005年版。
王文章:《非物质文化遗产概论》,教育科学出版社2008年版。
王文章:《人类口头与非物质文化遗产丛书》,浙江人民出版社2005

年版。

吴汉东：《知识产权法》，法律出版社 2004 年版。

吴汉东等：《西方诸国著作权制度研究》，中国政法大学出版社 1998 年版。

徐家力：《原住民与社区传统资源法律保护研究》，上海交通大学出版社 2012 年版。

薛达元主编：《民族地区保护与持续利用生物多样性的传统技术》，中国环境科学出版社 2009 年版。

严永和：《论传统知识的知识产权保护》，法律出版社 2006 年版。

严永和：《民间文学艺术的知识产权保护论》，法律出版社 2009 年版。

杨建斌：《知识产权体系下非物质传统资源权利保护研究》，法律出版社 2011 年版。

杨明：《非物质文化遗产的法律保护》，北京大学出版社 2014 年版。

杨琴：《信息法律制度前沿问题研究》，西南交通大学出版社 2006 年版。

杨庭硕、田红：《本土生态知识引论》，民族出版社 2010 年版。

张耕：《非物质文化遗产的知识产权保护研究》，法律出版社 2007 年版。

张耕：《民间文学艺术的知识产权保护研究》，法律出版社 2007 年版。

张良皋：《武陵土家——前言》，生活·读书·新知三联书店 2001 年版。

赵方：《我国非物质文化遗传的法律保护研究》，中国社会科学出版社，2009 年版。

郑成思：《知识产权——应用法学与基本理论》，人民出版社 2005 年版。

郑成思：《版权法》，中国人民大学出版社 1997 年版。

郑成思：《知识产权论》，法律出版社 2007 年版。

郑成思：《知识产权文丛》，中国方正出版社 2006 年版。

中国社会科学院知识产权中心：《非物质文化遗产保护问题研究》，知识产权出版社 2012 年版。

周方:《传统知识法律保护研究》,知识产权出版社 2010 年版。

周林、龙文、韩缨:《超越知识产权:传统知识法律保护与可持续发展研究》,浙江大学出版社 2013 年版。

周兴茂:《土家族概论》,贵州民族出版社 2004 年版。

朱祥贵:《非物质文化遗产保护法研究》,法律出版社 2007 年版。

朱祥贵等:《非物质文化遗产保护模式创新实证研究——以宜昌长阳土家族自治县为例》,厦门大学出版社 2014 年版。

庄孔韶主编:《人类学概论》,中国人民大学出版社 2006 年版。

庄孔韶主编:《人类学通论》,山西教育出版社 2004 年版。

邹启山:《人类非物质文化遗产代表作》,大象出版社 2006 年版。

二 期刊类

柏贵喜、李技文:《认知人类学视野下的土家族农家肥知识探析——鄂西五峰土家族自治县红烈村的个案研究》,《吉首大学学报》(社会科学版) 2009 年第 5 期。

柏贵喜:《乡土知识及其利用与保护》,《中南民族大学学报》(人文社会科学版) 2006 年第 1 期。

陈燕:《精神经济时代背景下非物质文化遗产的产业化道路》,《福建艺术》2007 年第 6 期。

丁永祥:《产业化语境中的非物质文化遗产保护——以豫北地区民间歌舞小戏哼小车为例》,《徐州工程学院学报》(社会科学版) 2011 年第 26 期。

段超:《对西部大开发中民族文化资源和文化生态保护问题的再思考》,《中南民族大学学报》2001 年第 6 期。

谷继建:《经济发展与非物质文化遗产保护的反向关系研究》,《山东社会科学》2007 年第 4 期。

胡宏:《传统知识知识产权保护研究》,《河北经贸大学学报》2011 年第 4 期。

胡超：《传统知识国际知识产权保护路径探析》，《知识产权》2013 年第 8 期。

胡丽君：《传统知识与知识产权》，《中华商标》2003 年第 9 期。

黄柏权：《土家族非物质文化遗产现状及保护对策》，《湖北民族学院学报》2006 年第 2 期。

黄晓：《产业化视角下的贵州民族民间文化资源保护》，《贵州社会科学》2006 年第 2 期。

冀红梅：《民间文学艺术的者作权保护》，《科技与法律》1998 年 1 期。

蓝寿荣、朱雪忠：《土家族传统知识的法律保护》，《科技与法律》2003 年第 4 期。

李昕：《可经营性非物质文化遗产保护产业化运作合理性探讨》，《广西民族研究》2009 年第 1 期。

李婷婷：《重庆剪纸非物质文化遗产产业化研究》，《重庆经济》2011 年第 1 期。

梁君：《非物质文化遗产产业化探析》，《江苏商论》2009 年第 6 期。

梁正海、马娟：《地方性医药知识传承模式及其内在机制与特点——以湘西苏竹村为个案》，《吉首大学学报》（社会科学版）2010 年第 1 期。

梁正海、柏贵喜：《村落传统生态知识的多样性表达及其特点与利用——湘西土家族村落"苏竹"个案研究》，《吉首大学学报》（社会科学版）2009 年第 5 期。

梁正海：《中国文化遗产保护理论与实践研究述评》，《贵州师范大学学报》（社会科学版）2009 年第 6 期。

刘金祥：《刍议非物质文化遗产产业化》，《江南大学学报》（人文社会科学版）2012 第 11 期。

刘魁立：《关于非物质文化遗产保护的若干理论反思》，《民间文化论坛》2004 年第 4 期。

刘水良、吴吉林、姚小云：《湘西地区非物质文化遗产产业化经营思考》，《邵阳学院学报》（社会科学版）2011 年第 5 期。

刘锡诚：《非物质文化遗产与民族文化精神》，《广西师范大学学报》2004年第4期。

龙运荣、李技文、柏贵喜：《传统知识的现代价值与反思——以土家族传统养猪方式为个案的民族志研究》，《湖北民族学院学报》（哲学社会科学版）2009年第4期。

吕科建、李瑞清：《非物质文化遗产产业化发展道路新探》，《经济与管理》2013年第1期。

钱宁：《寻求现代知识与传统知识之间的平衡——一少数民族农村社区发展中的文化教育问题》，《云南社会科学》2008年第1期。

区锦联：《生态人类学视域下传统知识的价值研究——基于鄂西来凤县兴安村的田野调查》，《原生态民族文化学刊》2011年第1期。

任虎：《FTA框架下传统知识保护模式研究》，《上海大学学报》（社会科学版）2013年第5期。

沈永胜：《土家族习惯法文化探析》，《贵州民族研究》2005年第4期。

宋才发：《论民间文学艺术保护的法律规定》，《湖北民族学院学报》2004年第2期。

宋忠胜：《国际法视野中的传统知识保护》，《河北法学》2013年第3期。

汤凌燕：《地方政府在农产品地理标志保护发展中的权责》，《福建农林大学学报》（哲学社会科学版）2017第1期。

唐晓帆、郭建军：《传统医药的著作权和数据库保护》，《知识产权》2005年第3期。

田文英：《民间文学艺术传承人的法律地位》，《中国知识产权报》2002年。

王格：《农产品地理标志管理办法及农产品地理标志登记管理有关配套技术性规范解读》，《现代畜牧兽医》2010年第6期。

王莲峰：《制定我国地理标志保护法的构想》，《法学》2005年第5期。

王琳霞：《梧州非物质文化遗产产业化发展研究》，《市场论坛》2012年第6期。

王松华等:《产业化视角下的非物质文化遗产保护》,《同济大学学报》(社会科学版)2008年第2期。

王文仙:《非物质文化遗产产业化保护研究》,《当代经济》2012年第1期。

王笑兵:《法国对地理标志的法律保护》,《电子知识产权》2006年第4期。

韦之、凌桦:《传统知识保护的思路》,《中国知识产权报》2002年第6期。

吴述勇:《秭归柑橘发展策略之我见》,《现代园艺》2010年第11期。

向进:《秭归县脐橙品牌推广中存在的问题和措施》,《浙江柑橘》2016年第33卷第3期。

辛儒、王释云:《非物质文化遗产产业化内涵解读与策略探析》,《文化产业》2010年第1期。

辛儒:《我国非物质文化遗产产业化经营问题探讨》,《生产力研究》2008年第6期。

徐家力:《传统知识的利用与知识产权的保护》,《生物多样性》2009年第11期。

薛达元:《论传统知识的概念与保护》,《生物多样性》2009年第2期。

薛达元:《中国民族地区遗传资源及传统知识的保护与惠益分享》,《资源科学》2009年第6期。

严永和:《我国民族自治地方制定非物质文化遗产知识产权保护法令的几个问题》,《中央民族大学学报》(哲学社会科学版)2010年第6期。

严永和:《传统资源保护与我国专利法的因应——以专利法修订草案中的传统资源条款为例》,《知识产权》2007年第3期。

严永和:《论传统知识的地理标志保护》,《科技与法律》2005年第2S期。

严永和:《论商标法的创新与传统名号的知识产权保护》,《法商研究》2006年第4期。

严永和：《论我国少数民族传统知识产权保护战略与制度框架——以少数民族传统医药知识为例》，《民族研究》2006 年第 2 期。

严永和：《民族民间文艺知识产权保护的制度设计：评价与反思》，《民族研究》2010 年第 3 期。

严永和：《目前遗传资源和传统知识法律保护机制的成就与不足——评 CBD 事先知情同意机制和 FAO 农民权机制》，《贵州大学学报》（社会科学版）2006 年第 3 期。

杨明：《传统知识的法律保护：模式选择与制度设计》，《法商研究》2006 年第 1 期。

杨亚庚等：《论宜产型非物质文化遗产的产业化》，《河南社会科学》2014 年第 1 期。

余澜：《以特别知识产权保护土家族传统知识的理论正当性》，《湖北民族学院学报》（哲学社会科学版）2015 年第 1 期。

张伟波：《本土知识的知识产权保护》，《中国知识产权报》2001 年。

朱祥贵：《少数民族非物质文化遗产教育自治权的国际法保护》，《民族教育研究》2010 年第 2 期。

朱祥贵：《少数民族非物质文化遗产教育自治权立法保护的完善》，《社会科学家》2010 第 1 期。

朱祥贵：《少数民族非物质文化遗产知识产权保护模式的变迁》，《贵州民族研究》2010 年第 4 期。

朱祥贵：《少数民族受教育权的基础理论探析》，《民族教育研究》2009 年第 4 期。

朱祥贵：《土家族非物质文化遗产教育自治权地方立法的完善》，《民族教育研究》2011 年第 1 期。

朱雪忠：《传统知识的法律保护初探》，《华中师范大学学报》（人文社会科学版）2004 年第 3 期。

朱炎生：《发展权的演变与实现途径》，《厦门大学学报》2001 年第 3 期。

邹广文：《文化前行：在传统与现代之间》，《求是学刊》2007 年第 6 期。

三 学位论文类

崔姗姗:《我国非物质文化遗产的知识产权法保护》,昆明理工大学 2012 年硕士学位论文。

戴妍:《非物质文化遗产的民事保护》,中央民族大学 2011 年博士学位论文。

冯寿波:《论地理标志的国际保护——以协议为视角》,华东政法大学 2007 年博士学位论文。

减小丽:《传统知识的法律保护问题研究》,中央民族大学经济学院 2006 年博士论文。

孔晓玉:《非物质文化遗产的知识产权保护研究》,西北大学 2008 年博士学位论文。

李强:《我国农产品地理标志保护法律问题研究——基于反公地悲剧理论》,华中农业大学 2013 年硕士学位论文。

梁正海:《传统知识的传承与权力——以湘西苏竹人的医药知识为中心》,中南民族大学 2010 年博士学位论文。

廖嵘:《非物质文化景观旅游规划设计研究》,同济大学 2006 年硕士学位论文。

刘琦:《地理标志国际保护法律制度研究》,大连海事大学 2006 年硕士学位论文。

罗玲:《我国非物质文化遗产的知识产权保护研究》,南京理工大学 2012 年硕士学位论文。

罗巧玲:《非物质文化遗产保护策略研究》,湖北民族学院 2012 年硕士学位论文。

马雅雍:《论传统知识特别权利保护制度的构建》,中南民族大学 2015 年硕士学位论文。

屈小春:《试论我国地理标志的法律保护模式》,清华大学法学院 2007 年硕士学位论文。

瞿师节:《土家族传统知识及其传承与保护研究——以湘西龙山县苏

竹村为例》，中南民族大学 2011 年硕士学位论文。

隋芳：《地理标志的商标法保护》，吉林大学 2016 年硕士学位论文。

王荔杰：《非物质文化遗产知识产权保护研究》，郑州大学 2009 年硕士学位论文。

谢兰：《非物质文化遗产的知识产权保护研究》，中国政法大学 2011 年博士学位论文。

邢梅娟：《民间文学的国际保护及对我国的启示》，吉林大学 2007 年硕士学位论文。

许文温：《论美国地理标志的法律保护》，山西大学 2010 年硕士学位论文。

薛雯雯：《农产品地理标志商标法保护相关问题探究》，华东政法大学 2009 年硕士学位论文。

袁晓娟：《论广西非物质文化遗产的法律保护》，广西师范大学 2012 年硕士学位论文。

张斌：《非物质文化遗产视角下的传统武术立法保护研究》，重庆大学 2010 年硕士学位论文。

张彦：《土家族药用植物民间利用研究——以苏竹村为个案》，中南民族大学 2009 年硕士学位论文。

赵晴晴：《论民间文学艺术的知识产权保护》，山东大学 2011 年硕士学位论文。

张艳：《我国地理标志法律保护研究》，贵州大学 2006 年硕士学位论文。

郑旋律：《我国商标法功能的缺陷及完善研究》，华中科技大学 2010 年硕士学位论文。

四　译文著作类

［法］列维·斯特劳斯：《野性的思维》，李幼蒸译，中国人民大学出版社 2006 年版。

［美］C. 格尔兹：《地方性知识》，韩莉译，译林出版社 1999 年版。

［英］E. E. 埃文思 – 普里查德：《阿赞德人的巫术、神谕和魔法》，覃俐俐译，商务印书馆 2006 年版。

［英］爱德华·泰勒：《人类学》，连树声译，广西师范大学出版社 2004 年版。

［英］爱德华·泰勒：《原始文化》，连树声译，广西师范大学出版社 2005 年版。

［英］拉德克利夫·布朗：《安达曼岛人》，梁粤译，广西师范大学出版社 2005 年版。

Carlos – M – Correa：《传统知识与知识产权》，载国家知识产权局条法司编《专利法研究 2003》，知识产权出版社 2003 年版。

Silke von lewinski：《原住民遗产与知识产权：遗传资源、传统知识和民间文学艺术》，廖冰冰、刘硕、卢璐译，中国民主法制出版社 2011 年版。

五　其他文献类

知识产权与遗传资源、传统知识和民间文学艺术政府间委员会：《保护传统文化表现形式：条款草案第二次修订稿》，WIPO/GRTKF/IC/28/6。

知识产权与遗传资源、传统知识和民间文学艺术政府间委员会：《关于遗传资源及相关传统知识的联合建议》，WIPO/GRTKF/IC/28/7。

知识产权与遗传资源、传统知识和民间文学艺术政府间委员会：《关于使用数据库对遗传资源和遗传资源相关传统知识进行防御性保护的联合建议》，WIPO/GRTKF/IC/28/8。

《中华人民共和国非物质文化遗产法》，2011 年。

《中华人民共和国著作权法》，2010 年。

《中华人民共和国专利法》，2008 年。

《中华人民共和国商标法》，2013 年。

《中华人民共和国反不正当竞争法》，1993 年。

《保护非物质文化遗产公约》，2003 年。

附录一

湘西土家族苗族自治州
历史文化名村（寨）及特色民居
保护技术导则

第一章　总则

第一条　为了加强对湘西土家族苗族自治州境内各级历史文化名村（寨）及特色民居的保护与管理，传承优秀的民族建筑文化，指导特色民居的维护与修缮，使我州历史文化名村（寨）、特色民居原真性得以延续，特制定本导则。

第二条　本导则适用于我州境内各级历史文化名村（寨）及特色民居的保护；历史文化名村（寨）内的建设活动、特色民居维护、不协调建筑整治以及新建民居建筑，除应符合国家现行有关技术标准规定外，均应遵守本导则规定。

第三条　为长远保护历史文化名村（寨），各县市应组织编制历史文化名村（寨）保护规划。对于特色民居维修的相关资料，应由城乡建设部门或由当地基层组织建档保存。在历史文化名村（寨）协调区内新建民居建筑，各县市城乡建设主管部门或乡镇人民政府应当提供技术服务并加强监督。

第二章　基本规定

第四条　要突出保护好历史文化名村（寨）的自然环境、历史文脉、建筑风格以及空间形态。

（一）保护好历史文化名村（寨）周边的山势、水体、绿化等自然景观，保护好村内"依山傍水"的风貌格局，保护好建筑四周的自然环境。村边寨内严禁开挖山体。

（二）保护好寺庙建筑、祠堂建筑、商业建筑、民居建筑、古巷、古道、古井、古树等历史文化遗产。

（三）保护丰富的民俗活动及其场地、独特的民族民间工艺，以及精美的民族饮食文化。

第五条 根据历史文化名村（寨）文物古迹、特色民居建筑、历史街区的分布及保存现状，划定核心保护区和风貌协调区两个保护等级和相应的保护范围。

第六条 在历史文化名村（寨）核心保护区内禁止下列活动：

（一）有损历史建筑、街区、风貌和景观的建设；

（二）对街区格局、空间形态、整体风貌造成破坏性影响的建设；

（三）安装影响名镇名村风貌、特色的广告、标牌等设施；

（四）损坏和拆毁规划确定为保护类的建筑物、构筑物和其他设施。

第七条 根据历史文化名村（寨）保护区内现有建（构）筑物的现状，将核心保护区现存建（构）筑物划分为：文物保护建筑、传统特色民居建筑和不协调建筑。

第八条 根据历史文化名村（寨）街巷格局和空间形态，在保持原有历史风貌的前提下，街巷的空间尺度、街巷立面和铺地形式应遵循以下保护整治原则：

（一）不得改变历史文化名村（寨）内街巷的走向、宽度、比例，任何单位和个人不得侵占巷道用地。

（二）保护好历史文化名村（寨）内具有特色的石板路，禁止改砌为水泥路。除现有石板小道外，其他街巷也应改为卵石砌筑或用石板铺砌，不宜用水泥铺砌。

（三）街巷两侧界面不得随意在原有实墙面上开凿门洞、窗洞，也不得随意堵塞原有门洞、窗洞。街巷中管线应下地，禁止架设空中电线。

（四）主要街巷两侧禁止使用与村落环境不协调的卷帘闸门窗或其他形式的现代门窗，禁止使用和古村落不协调的店招牌、灯箱及其他装饰。

第三章 文物保护建筑保护与维修

第九条 文物保护建筑是指各级文物保护单位和拟列为文物保护单位的建筑。对这类建筑的保护和维修，严格按照《中华人民共和国文物保护法》予以保护，坚持"维护文物原状"的原则和"保护为主，抢救第一，合理利用，加强管理"的方针。

第十条 各级文物保护建筑在维修时，应保存原来的建筑形制，包括原来建筑的平面布局、造型、营造法式特征和艺术风格，原来的建筑结构，原来的建筑材料等。

第十一条 进行文物保护建筑维修工作，应遵守下列规定：

（一）根据建筑物法式勘查报告进行现场校对，明确维修中应保持的法式特征。

（二）根据残损情况勘查中测绘的全套现状图纸，制订周密的维修方案，根据该建筑的文物保护级别，完成规定的报批手续。

（三）做好施工记录，详细测绘隐蔽结构的构造情况。维修加固的全套技术档案，应存档备查。

（四）严格遵守施工程序和检查验收制度，接受文物、建设主管部门的监督检查。

第十二条 当采用现代材料和现代技术确能更好地保存文物建筑时，可在文物建筑的维护与加固工程中经审批同意后予以运用。

第四章 核心保护区内传统特色民居建筑保护与维修

第十三条 遵守不改变历史、民族、地方特色的原则，不允许改变传统特色民居建筑的外立面原有的特征和基本材料，严格按照原有特征，使用相同材料进行修复。

第十四条 传统特色民居露明可见部分均应使用旧木料、旧石料、旧砖瓦，严格按照其原始状态，做到修旧如故，做好详尽的修缮纪录。

第十五条　对于原有构件存在的不安全因素，或历史上干预形成的不安全因素，允许调整结构，包括增添、更换少量构件，改善受力状况。有利于传统特色民居建筑保护的技术和材料均可采用，但具有特殊价值的传统工艺和材料应予保留。

第十六条　传统特色民居建筑内部可以加以调整改造，改善厨卫设施，从而改善和提高居民生活质量，以适应社会的和谐进步，实现可持续发展。改造措施均应通过有关部门的审查，不得改变建筑外观和院落内的格局。

第五章　核心保护区内不协调建筑改造

第十七条　不协调建筑是指近年来新建的与传统特色民居风格不符的建筑。这些建筑大多采用砌块砌筑，外墙大量使用瓷砖装饰，采用铝合金门窗，建筑体量较传统民居大，层数多为两层以上，平屋顶，与传统风貌有较大的冲突。

第十八条　主要对其立面进行整治，力求恢复其传统风貌。整治中提倡采用传统的手法和材料，力求做到原汁原味，减少与整体风貌的冲突，建筑内部功能可予以保留。

第十九条　对于超过两层的不协调建筑应作降层处理，檐口高度不超过6.0米，平屋顶建筑应当改为小青瓦坡屋顶。

第二十条　去除瓷砖表面，外墙改涂青砖涂料做清水墙纹饰或贴青砖及木板饰面，将铝合金门窗换为木制门窗或增加民族门窗饰纹样。二层外挑廊檐改为吊脚楼形式，山墙面可改为与核心区内民居建筑风格一致的马头墙。

第六章　风貌协调区内新建民居建筑

第二十一条　在历史文化名村（寨）风貌协调区内新建各类建（构）筑物和其他相关设施工程，应当严格执行历史文化名村（寨）保护规划。

第二十二条　新建民居一般不超过三层，采用坡屋顶形式，檐口高度不超过9.0米。

第二十三条　新建各类民居建筑物在外观造型上应当传承民族建

筑符号，采用坡屋顶、清水墙、马头墙、吊脚楼、吞口屋等传统民居元素构件，外墙面禁止使用瓷砖贴面。

第二十四条　新建民居在建筑布局上应合理利用地形地物、依山傍水；在建筑色彩上应与村落内原有传统特色民居风格相协调；在建筑材料上，应合理选用当地民间习惯建材。

第二十五条　鼓励采用传统建筑材料、传统建筑工艺建造原生态的湘西传统特色民居建筑；鼓励技术创新，建造外观传承湘西传统特色民居精神、内部功能结构舒适宜人的创新型湘西特色民居建筑。

第七章　附则

第二十六条　本导则自发布之日起执行。

附录二

土家族非物质文化遗产代表性项目名录

土家族非物质文化遗产种类繁多，既包括本民族独有的，又包括与其他民族共有的，有的难以明确划分民族属性。现以鄂西南、湘西北、黔东北、渝东南四大区域为界将其代表性项目分述如下。

一 鄂西南土家族非物质文化遗产代表性项目名录

（一）恩施州土家族非物质文化遗产代表性项目名录

截至2019年5月，恩施州入选国家级非物质文化遗产代表性项目名录15项，入选湖北省省级非物质文化遗产代表性项目名录63项，州人民政府公布州级非物质文化遗产代表性项目名录110项，八县（市）人民政府公布县市级非物质文化遗产代表性项目名录444项。其中涉及土家族的国家级非物质文化遗产代表性项目名录13项、湖北省省级非物质文化遗产代表性项目名录54项、州级非物质文化遗产代表性项目名录87项，具体情况如下：

1. 恩施州土家族国家级非物质文化遗产代表性项目名录（13项）

（1）恩施州土家族第一批国家级非物质文化遗产扩展项目名录

类别	项目名称	申报地区
传统音乐	薅草锣鼓（宣恩薅草锣鼓）	宣恩县
传统音乐	土家族打溜子（鹤峰围鼓）	鹤峰县
传统舞蹈	土家族摆手舞（恩施摆手舞）	来凤县

| 传统戏剧 | 灯戏 | 恩施市 |
| 传统戏剧 | 傩戏（鹤峰傩戏、恩施傩戏） | 鹤峰县、恩施市 |

（2）恩施州土家族第二批国家级非物质文化遗产名录

类别	项目名称	申报地区
传统舞蹈	肉连响	利川市
传统戏剧	南剧	来凤县、咸丰县

（3）恩施州土家族第三批国家级非物质文化遗产名录

类别	项目名称	申报地区
传统音乐	利川灯歌	利川市
曲艺	三棒鼓	宣恩县
传统技艺	土家族吊脚楼营造技艺	咸丰县

（4）恩施州土家族第二批国家级非物质文化遗产扩展项目名录

| 类别 | 项目名称 | 申报地区 |
| 传统舞蹈 | 龙舞（地龙灯） | 来凤县 |

（5）恩施州土家族第四批国家级非物质文化遗产扩展项目名录

类别	项目名称	申报地区
传统舞蹈	土家族撒叶尔嗬	巴东县
传统技艺	绿茶制作技艺（恩施玉露制作技艺）	恩施市

2. 恩施州土家族省级非物质文化遗产代表性项目名录（54项）

（1）恩施州土家族第一批省级非物质文化遗产名录

类别	项目名称	申报地区
民间音乐	薅草锣鼓	宣恩县
民间音乐	利川灯歌	利川市
民间音乐	建始丝弦锣鼓	建始县
民间音乐	鹤峰围鼓	鹤峰县
民间舞蹈	土家族撒叶儿嗬	巴东县
民间舞蹈	建始闹灵歌	建始县
民间舞蹈	耍耍	宣恩县、恩施市

民间舞蹈	地盘子	咸丰县
民间舞蹈	土家族摆手舞	来凤县
民间舞蹈	宣恩土家族八宝铜铃舞	宣恩县
民间舞蹈	肉连响	利川市
民间舞蹈	地龙灯	来凤县
传统戏剧	傩戏	鹤峰县、恩施市
传统戏剧	南剧	来凤县、咸丰县
传统戏剧	恩施灯戏	恩施市
传统戏剧	鹤峰柳子戏	鹤峰县
传统戏剧	巴东堂戏	巴东县
曲艺	利川小曲	利川市
曲艺	满堂音	鹤峰县
民俗	恩施社节	恩施市

（2）恩施州土家族第二批省级非物质文化遗产名录

类别	项目名称	申报地区
传统音乐	十姊妹歌	宣恩县
传统舞蹈	龙舞（恩施板凳龙）	恩施市
传统舞蹈	滚龙连厢	宣恩县
曲艺	三棒鼓（土家三棒鼓、土家族花鼓）	宣恩县、来凤县
曲艺	恩施三才板	恩施市
传统技艺	土家织锦"西兰卡普"	来凤县
传统技艺	干栏吊脚楼建造技艺	咸丰县
民俗	恩施土家女儿会	恩施市
民俗	巴东土家族民间历法	巴东县

（3）恩施州土家族第一批省级非物质文化遗产扩展项目名录

类别	项目名称	申报地区
传统舞蹈	建始闹灵歌（建始武丧）	建始县

（4）恩施州土家族第三批省级非物质文化遗产名录

类别	项目名称	申报地区
民间文学	土家族哭嫁歌	来凤县
传统音乐	五句子山歌（恩施五句子山歌）	恩施州
传统音乐	石工号子	恩施州
传统音乐	高腔山歌（宣恩高腔山歌）	宣恩县
传统音乐	穿句子山歌（鹤峰山歌）	鹤峰县
传统音乐	吹打乐（建始南乡锣鼓、来凤打安庆）	建始县、来凤县
传统体育	板凳拳	咸丰县
传统美术	咸丰何氏根雕	咸丰县
传统美术	民间绣活（土家族苗族绣花鞋垫）	咸丰县、宣恩县
传统技艺	绿茶制作技艺（恩施玉露制作技艺、宣恩伍家台贡茶制作技艺）	恩施市、宣恩县
传统技艺	豆制品制作技艺（利川柏杨豆干制作技艺、巴东五香豆干制作技艺）	利川市、巴东县
传统技艺	油茶汤制作技艺	咸丰县、来凤县
传统技艺	漆筷制作技艺（来凤漆筷制作技艺）	来凤县

（5）恩施州土家族第二批省级非物质文化遗产扩展项目名录

类别	项目名称	申报地区
传统舞蹈	龙舞（咸丰板凳龙）	咸丰县

（6）恩施州土家族第四批省级非物质文化遗产名录

类别	项目名称	申报地区
传统音乐	太阳河民歌	恩施市
传统舞蹈	花鼓灯（鹤峰花鼓灯）	鹤峰县
传统舞蹈	绕棺	利川市、咸丰县

传统舞蹈	草把龙灯	宣恩县、咸丰县
	（宣恩草把龙、咸丰草把龙）	
民俗	土家族牛王节	来凤县

（7）恩施州土家族第三批省级非物质文化遗产扩展项目名录

类别	项目名称	申报地区
传统美术	石雕（尖山石刻）	咸丰县
传统技艺	酱菜制作技艺	来凤县
	（凤头姜制作技艺）	
传统技艺	蒸馏酒传统酿造技艺	巴东县
	（三峡老窖酒传统酿造技艺）	

（8）恩施州土家族第五批省级非物质文化遗产代表性项目名录

类别	项目名称	申报地区
传统技艺	制漆技艺（坝漆制作技艺）	利川市

（9）恩施州土家族第五批省级非物质文化遗产扩展项目名录

类别	项目名称	申报地区
传统音乐	吹打乐（坪坝营镇唢呐）	咸丰县
传统戏剧	皮影戏（巴东皮影戏）	巴东县
传统美术	木雕（利川木雕）	利川市
传统美术	竹编（宣恩竹编）	宣恩县

3. 恩施州土家族州级非物质文化遗产名录（87项）

（1）恩施州土家族第一批州级非物质文化遗产名录

传统音乐（6项）

类别	项目名称	申报地区
传统音乐	丝弦锣鼓	建始县
传统音乐	薅草锣鼓	宣恩县
传统音乐	灯歌·龙船调	利川市
传统音乐	鹤峰围鼓	鹤峰县
传统舞蹈	地盘子	咸丰县

传统舞蹈	恩施耍耍	恩施市
传统舞蹈	建始闹灵歌	建始县
传统舞蹈	土家八宝铜铃舞	宣恩县
传统舞蹈	宣恩耍耍	宣恩县
传统舞蹈	肉连响	利川市
传统舞蹈	土家摆手舞	来凤县
传统舞蹈	土家地龙灯	来凤县
传统舞蹈	土家撒叶儿嗬	巴东县
传统戏剧	南剧	来凤县、咸丰县
传统戏剧	堂戏	巴东县
传统戏剧	恩施灯戏	恩施市
传统戏剧	柳子戏	鹤峰县
传统戏剧	傩愿戏	鹤峰县
曲艺	利川小曲	利川市
曲艺	满堂音	鹤峰县
传统技艺	恩施傩面具制作工艺	恩施市
传统技艺	土家织锦技艺	来凤县
民俗	土家女儿会	恩施市
民俗	恩施社节	恩施市
民俗	恩施坛傩	恩施市
民俗	牛王节	来凤县
民俗	土家族哭嫁	来凤县
民俗	千禧民历（巴东土家民间历法）	巴东县

（2）恩施州土家族第二批州级非物质文化遗产名录

类别	项目名称	申报地区
民间文学	七姊妹山的传说	宣恩县
传统音乐	十姊妹歌（哭嫁歌）	宣恩县、来凤县、建始县、恩施市

传统音乐	恩施花锣鼓	恩施市
传统音乐	柏杨坝山民歌	利川市
传统音乐	凉雾牟氏山民歌	利川市
传统音乐	五句子山歌	全州 8 县市
传统音乐	龙坪高腔山歌	建始县
传统音乐	鹤峰田歌	鹤峰县
传统音乐	土家叙事情歌	来凤县
传统音乐	石工号子	全州 8 县市
传统舞蹈	滚龙连厢	宣恩县
传统舞蹈	板凳龙	恩施市、咸丰县
传统舞蹈	麻舞	来凤县
传统舞蹈	靠灯舞	来凤县
传统舞蹈	花鼓灯	鹤峰县
传统舞蹈	龙灯舞	全州 8 县市
曲艺	三棒鼓（花鼓）	宣恩县、来凤县
曲艺	干龙船	宣恩县、建始县、咸丰县
曲艺	金钱板	宣恩县
曲艺	三才板	恩施市
曲艺	走马渔鼓	鹤峰县
传统美术	土家绣花鞋（垫）	宣恩县、咸丰县
传统体育	抢花炮	宣恩县
传统体育	打陀螺	宣恩县
传统技艺	干栏吊脚楼建造技艺	咸丰县、宣恩县
传统技艺	五香豆干制作	巴东县
传统技艺	纸扎雕塑	宣恩县
传统技艺	伍家台贡茶制作	宣恩县
传统技艺	油茶汤制作	咸丰县
民俗	王母城庙会	利川市

| 民俗 | 陪十姊妹、陪十弟兄 | 建始县、恩施市 |

(3) 恩施州土家族第三批州级非物质文化遗产名录

类别	项目名称	申报地区
民间文学	夷水歌谣	利川市
民间文学	佘氏婆婆的故事	巴东县
民间文学	田好汉传说	来凤县
传统音乐	打安庆	来凤县
传统音乐	建始南乡锣鼓	建始县
传统戏剧	木偶戏	恩施市
传统美术	根雕（何氏根雕）	咸丰县
传统体育	板凳拳	恩施市、咸丰县、来凤县
传统体育	竹马（踩高脚）	恩施市、咸丰县
传统体育	狮舞（大坝沟高台狮舞）	宣恩县
传统技艺	来凤漆筷制作技艺	来凤县
传统技艺	利川柏杨豆干制作技艺	利川市
传统技艺	造纸技艺（恩施皮纸制作技艺、毛坝火纸制作技艺、建始桑麻造纸技艺、宣恩竹麻造纸技艺）	恩施市 利川市 建始县 宣恩县
传统医药	正骨疗法（田氏正骨疗法）	巴东县

(4) 恩施州土家族第二批州级非物质文化遗产扩展项目名录

类别	项目名称	申报地区
传统音乐	高腔山歌（建始龙坪高腔山歌、宣恩高腔山歌）	建始县、宣恩县
传统舞蹈	绕棺（靠灯、穿花）	全州 8 县市
传统舞蹈	龙舞（花坪火龙、宣恩草把龙、	建始县、宣恩县、咸丰县

咸丰草把龙）

曲艺	三才板	利川市
传统美术	土家绣花鞋（垫）	来凤县
传统技艺	绿茶制作技艺	

（伍家台贡茶制作技艺、恩施玉露制作技艺）宣恩县、恩施市

| 传统技艺 | 油茶汤制作技艺 | 来凤县 |
| 民俗 | 社节 | 宣恩县、来凤县 |

（5）恩施州土家族第四批州级非物质文化遗产名录

类别	项目名称	申报地区
传统音乐	太阳河民歌	恩施市
传统音乐	唢呐	咸丰县
传统音乐	尖山坐丧鼓	咸丰县
传统体育	翘旱船	巴东县
传统技艺	三峡老窖酒传统酿造技艺	巴东县
传统技艺	竹编技艺	宣恩县、咸丰县
传统技艺	尖山石刻	咸丰县
传统技艺	凤头姜制作技艺	来凤县
民俗	土家四道茶	鹤峰县

（6）恩施州土家族第三批州级非物质文化遗产扩展项目名录

类别	项目名称	申报地区
传统戏剧	傩戏（咸丰傩戏）	咸丰县
传统美术	根雕	利川市、建始县

（牟利忠根雕、建始根雕）

| 传统体育 | 狮舞（高台舞狮） | 咸丰县 |

（7）恩施州土家族第五批州级非物质文化遗产项目名录

类别	项目名称	申报地区
传统戏剧	皮影戏（巴东皮影戏）	巴东县
曲艺	利川竹琴	利川市
传统美术	木雕	恩施市、利川市

（恩施木雕、利川牟利忠木雕）

传统技艺	利川髹漆技艺	利川市
传统技艺	金阳豆豉制作技艺	鹤峰县
民俗	土家族传统婚俗	八县市
民俗	土家咂酒	咸丰县

（8）恩施州土家族第四批州级非物质文化遗产扩展项目名录

| 类别 | 项目名称 | 申报地区 |
| 传统音乐 | 土家高腔山歌 | 咸丰县 |

（二）宜昌市土家族非物质文化遗产代表性项目名录

1. 宜昌市土家族国家级非物质文化遗产代表性项目名录（6项）

类别	项目名称	申报地区
传统舞蹈	土家族撒叶儿嗬	长阳县、五峰县
民间文学	都镇湾故事	长阳县
民间文学	长阳山歌	长阳县
传统音乐	薅草锣鼓	长阳县、五峰县
传统音乐	土家族打溜子	五峰县
曲艺	南曲	长阳县、五峰县

2. 宜昌市土家族省级非物质文化遗产代表性项目名录（12项）

类别	项目名称	申报地区
传统舞蹈	土家族撒叶儿嗬	长阳县
民间文学	都镇湾故事	长阳县
民间文学	长阳山歌	长阳县
传统音乐	薅草锣鼓	长阳县
传统音乐	星岩坪山歌	五峰县
传统音乐	长阳吹打乐	长阳县
传统音乐城	五峰民间吹打乐	五峰县
传统舞蹈	五峰土家花鼓子	五峰县
曲艺	长阳南曲	长阳县
曲艺	长阳花鼓子	长阳县

| 传统技艺 | 采花毛尖茶传统制作技艺 | 五峰县 |
| 民俗 | 五峰土家族告祖礼仪 | 五峰县 |

3. 宜昌市土家族市级非物质文化遗产代表性项目名录（14项）

类别	项目名称	申报地区
传统舞蹈	土家族撒叶儿嗬	长阳县
民间文学	都镇湾故事	长阳县
民间文学	长阳山歌	长阳县
民间文学	刘德培民间故事	五峰县
民间文学	长乐坪民间故事	五峰县
传统音乐	薅草锣鼓	长阳县
传统音乐	星岩坪山歌	五峰县
传统音乐	长阳吹打乐	长阳县
传统音乐	五峰民间吹打乐	五峰县
传统舞蹈	五峰土家花鼓子	五峰县
曲艺	长阳南曲	长阳县
曲艺	长阳花鼓子	长阳县
传统技艺	采花毛尖茶传统制作技艺	五峰县
民俗	五峰土家族告祖礼仪	五峰县

二 湘西北地区土家族非物质文化遗产代表性项目名录

（一）湘西州土家族非物质文化遗产代表性项目名录

截至2019年5月，湘西州入选国家级非物质文化遗产代表性项目名录26项，入选湖南省省级非物质文化遗产代表性项目名录62项，州人民政府公布州级非物质文化遗产代表性项目名录234项。其中涉及土家族的国家级非物质文化遗产代表性项目名录13项、湖南省省级非物质文化遗产代表性项目名录54项、州级非物质文化遗产代表性项目名录87项，具体情况如下：

1. 湘西州土家族国家级非物质文化遗产代表性项目名录（11项）

（1）湘西州土家族第一批国家级非物质文化遗产项目代表性名录

（4项）

类别	项目名称	申报地区
传统音乐	土家族打溜子	湘西州
传统舞蹈	土家族摆手舞	湘西州
传统舞蹈	湘西土家族毛古斯舞	湘西州
传统技艺	土家族织锦技艺	湘西州

（2）湘西州土家族第二批国家级非物质文化遗产代表性项目名录（3项）

类别	项目名称	申报地区
民间文学	土家族梯玛神歌	龙山县
传统音乐	土家族咚咚喹	龙山县
传统音乐	酉水船工号子	保靖县

（3）湘西州土家族第三批国家级非物质文化遗产代表性项目名录（3项）

类别	项目名称	申报地区
民间文学	土家族哭嫁歌	永顺县、古丈县
传统美术	土家族转角楼建筑艺术	永顺县
民俗	土家族过赶年	永顺县

（4）湘西州土家族第四批国家级非物质文化遗产代表性项目名录（1项）

类别	项目名称	申报地区
传统音乐	湘西土家族民歌	湘西州

2. 湘西州土家族省级非物质文化遗产代表性项目名录（14项）

（1）湘西州土家族第一批省级非物质文化遗产代表性项目名录（8项）

类别	项目名称	申报地区
民间文学	土家族梯玛神歌	保靖县、古丈县、永顺县、龙山县

民间文学	土家族山歌	保靖县
民间文学	土家族哭嫁歌	永顺县、古丈县
民间文学	土家族挖土锣鼓歌	古丈县、龙山县
传统音乐	土家族咚咚喹	龙山县
传统音乐	酉水船工号子	保靖县
民俗	土家族过赶年	永顺县
民俗	土家族舍巴日	西州

（2）湘西州土家族第二批省级非物质文化遗产代表性项目名录（5项）

类别	项目名称	申报地区
民间文学	土家族摆手歌	古丈县、龙山县
传统音乐	湘西土家族民歌	湘西州
传统舞蹈	湘西土家族铜铃舞	保靖县
传统美术	土家族转角楼建筑艺术	永顺县
传统美术	土家族竹雕	龙山县

（3）湘西州土家族第三批省级非物质文化遗产代表性项目名录（1项）

| 类别 | 项目名称 | 申报地区 |
| 传统医药 | 土家医小儿提风疗法 | 永顺县 |

3. 湘西州土家族州级非物质文化遗产项目名录（60项）

（1）湘西州土家族第一批州级非物质文化遗产项目名录（24项）

类别	项目名称	申报地区
民间文学	土家族梯玛神歌	永顺县、保靖县、古丈县
民间文学	土家族山歌	保靖县
民间文学	土家族哭嫁歌	龙山县、永顺县、保靖县、古丈县
民间文学	土家族挖土锣鼓歌	龙山县、永顺县、

类别	项目名称	申报地区
		古丈县
民间文学	土家语	龙山县、永顺县、保靖县、古丈县
民间文学	土家山歌	永顺县
民间文学	土家摆手歌	龙山县、古丈县
传统音乐	土家族打溜子	湘西州
传统音乐	土家族咚咚喹	龙山县
传统音乐	酉水船工号子	保靖县
传统音乐	咚咚喹	永顺县
传统舞蹈	土家族摆手舞	湘西州
传统舞蹈	湘西土家族毛古斯舞	湘西州
传统戏剧	傩愿戏	永顺县
曲艺	三棒鼓	龙山县
传统技艺	土家族织锦技艺	湘西州
传统技艺	土家竹雕	龙山县
传统技艺	土家服饰	龙山县
传统医药	土家族医药	湘西州
民俗	土家族过赶年	永顺县
民俗	土家族舍巴日	湘西州
民俗	土家族跳马节	古丈县
民俗	八部大王祭	保靖县
民俗	上梁	永顺县

（2）湘西州土家族第二批州级非物质文化遗产项目名录（8项）

类别	项目名称	申报地区
传统音乐	土家语山歌	龙山县
传统音乐	湘西土家族民歌	湘西州
传统舞蹈	土家族铜铃舞	保靖县
传统体育	湘西土家族梯玛绝技	龙山县
传统美术	湘西土家族转角楼	永顺县

民俗	土家族油茶汤	龙山县
民俗	土家族过灶	永顺县
民俗	土家族告祖	龙山县

(3) 湘西州土家族第三批州级非物质文化遗产项目名录（8项）

类别	项目名称	申报地区
民间文学	土家族情歌	龙山县
传统音乐	土家族摆手锣鼓	龙山县
传统舞蹈	板凳龙舞	永顺县
传统技艺	土家族布鞋制作技术	保靖县
传统技艺	土家族打花带制作技艺	永顺县
传统技艺	土家酢肉腌制技艺	永顺县
传统技艺	土家族桃花制作技艺	龙山县
民俗湘西	土家族婚俗	永顺县

(4) 湘西州土家族第四批州级非物质文化遗产项目名录（4项）

类别	项目名称	申报地区
民间文学	梅山神的故事	永顺县
民间文学	土司王的传说	永顺县
民俗	土家族五马灯	永顺县
民俗	土家族晒龙谷	永顺县

(5) 湘西州土家族第五批州级非物质文化遗产项目名录（8项）

类别	项目名称	申报地区
民间文学	土家族谚语	保靖县
民间文学	土家族拦门歌	永顺县
传统技艺	土家族擂茶	永顺县
传统技艺	土家族桃花	永顺县
民俗	土家族古葬礼宋姆妥	龙山县
民俗	土家族过孝年	龙山县
民俗	土家族四月八	永顺县
民俗	打廪祭祀	湘西州

(6) 湘西州土家族第六批州级非物质文化遗产项目名录（3项）

类别	项目名称	申报地区
传统舞蹈	土家族跳丧舞	龙山县
民俗	土家族桶子鼓丧葬习俗	龙山县
民俗	土家族六月六	永顺县

(7) 湘西州土家族第七批州级非物质文化遗产项目名录（5项）

类别	项目名称	申报地区
民间文学	老司城的传说	永顺县
曲艺	土家围鼓	永顺县
传统体育	湘西土家族武术	湘西州
传统美术	湘西土家仪式画	永顺县
传统技艺	土家族莓茶制作技艺	永顺县

（二）张家界市土家族非物质文化遗产代表性项目名录

1. 张家界市土家族国家级非物质文化遗产代表性项目名录（3项）

类别	项目名称	申报地区
传统舞蹈	毛古斯	张家界市
传统舞蹈	土家摆手舞	张家界市
传统戏剧	张家界阳戏	张家界市

2. 张家界市土家族省级非物质文化遗产代表性项目名录（6项）

类别	项目名称	申报地区
传统音乐	围鼓（桑植围鼓）	桑植县
传统舞蹈	毛古斯	张家界市
传统舞蹈	土家摆手舞	张家界市
传统戏剧	张家界阳戏	张家界市
传统技艺	土家族刺绣	张家界市
传统技艺	土家族织锦技艺	张家界市

3. 张家界市土家族市级非物质文化遗产代表性项目名录（14 项）

（1）张家界市土家族第一批市级非物质文化遗产项目名录（4 项）

类别	项目名称	申报地区
传统戏剧	张家界阳戏（大庸阳戏）	永定区
民间舞蹈	张家界高花灯	永定区
民间舞蹈	张家界泼水龙	永定区
民间戏剧	永定土家茅古斯	永定区

（2）张家界市土家族第二批市级非物质文化遗产项目名录（4 项）

类别	项目名称	申报地区
民间舞蹈	土家花灯	永定区
民间音乐	土家族澧水船工号子	桑植县
民间音乐	桑植薅草锣鼓	桑植县
传统技艺	土家糊仓技艺	桑植县

（3）张家界市土家族第三批市级非物质文化遗产项目名录（3 项）

类别	项目名称	申报地区
传统音乐	土家哭嫁歌	桑植县
传统舞蹈城	桑植傩舞	桑植县
民俗	张家界三下锅（土家三下锅）	张家界市

（4）张家界市土家族第四批市级非物质文化遗产项目名录（6 项）

类别	项目名称	申报地区
民间文学	陈洋盘的故事	桑植县
传统音乐	土家打溜子	张家界市
传统音乐	桑植围鼓	桑植县
传统技艺	土家织锦	张家界市

| 传统技艺 | 永定土家刺绣 | 永定区 |
| 传统体育 | 桑植打三棋 | 桑植县 |

三 黔东北地区土家族非物质文化遗产代表性项目名录

1. 黔东北地区土家族省级非物质文化遗产代表性项目名录（5项）

类别	项目名称	申报地区
传统音乐	土家族打镏子	沿河县
传统音乐	土家族高腔山歌	印江县、沿河县
传统舞蹈	德江土家舞龙	德江县
传统舞蹈	土家族摆手舞	沿河县
民俗	土家族过赶年	印江县

2. 黔东北地区土家族市级非物质文化遗产代表性项目名录（10项）

类别	项目名称	申报地区
传统音乐	土家族高腔山歌	印江县、沿河县
传统音乐	土家族打镏子	沿河县
传统舞蹈	德江土家舞龙	德江县
传统舞蹈	土家族摆手舞	印江县
传统技艺	土家桶子屋传统建造工艺	江口县
传统技艺	土家刺绣	印江县
传统技艺	土家族唢呐长号制作技艺	沿河县
传统医药	土家族"香包""嘞角"气灸法	沿河县
民俗	土家哭嫁习俗	德江县
民俗	土家族过赶年	印江县

四　渝东南地区土家族非物质文化遗产代表性项目名录

1. 渝东南地区土家族国家级非物质文化遗产代表性项目名录（1项）

类别	项目名称	申报地区
传统音乐	南溪号子	黔江区

2. 渝东南地区土家族省级非物质文化遗产代表性项目名录（18项）

类别	项目名称	申报地区
民间文学	吴幺姑传说	黔江区
民间文学	男女石柱神话	石柱县
民间文学	巫傩诗文	酉阳县
民间文学	石柱酒令	石柱县
民间文学	石城情歌	黔江区
民间文学	石柱土家断头锣鼓	石柱县
民间音乐	石柱土家啰儿调	石柱县
民间音乐	南溪号子	黔江区
传统音乐	后坝山歌	黔江区
民间音乐	秀山民歌	秀山县
民间音乐	薅草锣鼓	秀山县
民间音乐	酉阳民歌	酉阳县
民间音乐	土家斗锣	石柱县
民间舞蹈	摆手舞	酉阳县
传统戏剧	面具阳戏	酉阳县
传统戏剧	阳戏	秀山县
传统技艺	西兰卡普制作技艺	黔江区
民俗	秀山花灯	秀山县

附录三

原住民族传统智慧创作保护实施办法

第一章 总则

第一条 本办法依原住民族传统智慧创作保护条例（以下简称本条例）第四条第二项、第六条第二项及第九条第四项规定订定之。

第二条 本条例所称智慧创作之种类及内容如下：

一、宗教祭仪：与宗教、信仰、礼俗相关之文化活动，并得结合其他种类之文化表现形式呈现。

二、音乐：包括旋律、曲谱、器乐、节奏等，不以文字或其他可记录之形式为限。

三、舞蹈：包括一切以肢体行为表现之韵律活动，并得结合其他种类之文化表现形式呈现。

四、歌曲：由人声演唱之音乐，包括旋律、歌词、曲谱，并得结合其他种类之文化表现形式呈现。

五、雕塑：结合物质材料及工艺制作之二维、三维艺术表现形式，得配合环境与功能以各种形式呈现，亦得结合环境条件如光线、声音及自然元素，物质材料不限于传统材料。

六、编织：创造织物之方式及其成果，得结合各种物质材料与工艺方法。

七、图案：各种抽象、具体、实用及非实用之图形表现。

八、服饰：具遮蔽或穿戴功能之衣物、配件或各种组合饰品。

九、民俗技艺：与社会文化生活相关之工艺、实用技术及使用之工具、工法。

十、其他文化成果表达。

前项各款智慧创作之种类，申请人得择一或合并不同种类申请登记，亦得仅申请登记其结合性文化成果表达中之一部。

第二章　代表人

第三条　本条例第六条第二项之代表人，应具有原住民身份，并为申请智慧创作之原住民族或部落成员，并由该原住民族或部落依其组织形态及习惯选派之。

第四条　代表人为基于其所属原住民族或部落之利益，依本条例及本办法之规定，办理与智慧创作专用权申请相关事宜之人。

第五条　代表人受原住民族或部落之委任，应忠实执行其职务，并尽善良管理人之注意义务。

第六条　代表人是否受有报酬及其内容，由该原住民族或部落依其组织形态及习惯定之。

第七条　代表人不能执行职务或怠于执行职务，经主管机关通知后三十日未改善者，主管机关得促请选任代表人之原住民族或部落，依其组织形态及习惯重新选派代表人。

第三章　申请

第八条　智慧创作之申请，由选任代表人为之。但有下列情事之一者，主管机关得主动协调有利害关系之原住民族或部落，选任代表人提出申请：

一、智慧创作具有高度价值但未有原住民族或部落提出申请。

二、濒临消失或已受侵害或显有受侵害之虞之智慧创作，而有急迫登记之必要。

三、得为申请人之原住民族或部落业已消失。

第九条　智慧创作之申请，应由申请人备具下列文件，向主管机关提出：

一、申请书。

二、选任代表人之身份证明、证明文件、授权书或部落会议记录。

三、智慧创作说明书，得辅以照片或视听媒体。

四、必要之图式、样本等原件或重制品。

五、其他有助于说明传统智慧创作之相关文件。

第十条　智慧创作申请书应载明下列事项：

一、智慧创作之名称、种类。

二、申请人及欲取得智慧创作专用权之原住民族或部落。

三、代表人姓名、地址。

四、委任代理人者，其姓名及事务所。

五、智慧创作内容之摘要说明。

第十一条　智慧创作说明书应载明下列事项：

一、智慧创作之名称、种类。

二、申请人及欲取得智慧创作专用权之原住民族或部落。

三、智慧创作之内容，包括下列项目：

（一）符合本办法规定之特征、范围。

（二）智慧创作之历史意义、现存利用方式及未来发展。

（三）智慧创作与申请人之社会、文化关联，包括身份关系、习俗及禁忌等。

（四）与智慧创作申请人社会脉络密切相关，不宜公开之理由。

四、其他由主管机关指定之记载事项。

第十二条　申请智慧创作，应以每一个智慧创作提出一个申请。但属于相同种类或同一概念者，或结合数种类为一智慧创作成果表现者，得合并申请为单一智慧创作。

第十三条　本办法所定文书、文件，得以申请人族语为记载。但主管机关得要求申请人提具翻译或说明。

第十四条　依本条例及本办法所定应检附之证明文件，以原本或正本为之。原本或正本经当事人释明与原本或正本相同者，得以复印件代之。原本或正本经主管机关验证无讹后，得予发还。

第十五条　申请人之代表人之姓名或名称、印章、住居所或营业所变更时，应检附证明文件向主管机关申请变更。但其变更无须以文件证明者，得免检附。

第十六条　申请文件之送达，以书件或物件送达主管机关之日为准。

第十七条　依本条例及本办法指定之期间，申请人得于指定期间届满前，载明理由向主管机关申请展延。

第十八条　智慧创作之申请文件不符合法定程序而得补正者，主管机关应通知申请人限期补正；延误法定或指定之期间未补正或补正仍不齐备者，应不受理。但延误指定期间在处分前补正者，不在此限。

申请人因天灾或不可归责于己之事由延误法定期间者，于其原因消灭后 60 日内得以书面叙明理由向主管机关申请回复原状。但延误法定期间已逾一年者，不在此限。

第一项补正之申请，以及第二项回复原状之申请，主管机关得主动协助其为补正或回复原状。依第二项规定申请回复原状者，应叙明延误期间之原因、消灭之事由及年、月、日，并检附证明文件向主管机关为之，并应同时补行期间内应为之行为。

第十九条　有关智慧创作之申请及其他程序，得以电子方式为之，其电子方式申请程序由主管机关定之。

第四章　审查

第二十条　主管机关为审查智慧创作之申请，得遴聘（派）有关机关人员、专家学者及原住民代表，办理智慧创作之认定及其他法令规定事项，其中原住民代表不得少于二分之一。

第二十一条　主管机关于审议智慧创作申请案时，得依申请或依职权通知申请人限期为下列各款之行为：

一、至指定地点说明。

二、为必要之实作、补送模型或样品。实作得以媒体纪录形式为之。

三、至现场或指定地点实地勘查。

第二十二条　申请案经审议后，应备具理由作成审定书送达代表人或其代理人。

第二十三条 认定智慧创作时，应参考下列基准：

一、该申请认定之文化成果表达，足以表现出应认定归属之原住民族或部落之个性特征，及应与该原住民族或部落之环境、文化、社会特质具有相当程度之关联性，而足以代表其社群之特性。

二、应具有世代相传之历史性，该世代未必须有绝对之时间长度，成果表现亦无须具有不变或固定之成分。但申请之原住民族或部落，应说明申请时对于该智慧创作之管领及利用状态。

三、文化成果应能以客观之形式表现，且不以附着于特定物质或材料者为限。

前项参考基准之适用及解释，应由主管机关就申请案件之具体事实，参酌申请人所提出之申请书、说明书、必要图样、照片、相关文件及参与认定人员之意见，综合判断之。

第二十四条 依前条认定为智慧创作，其归属关系超过一个原住民族或部落时，应认定由该多数原住民族或部落共同取得智慧创作。若该申请认定之文化成果表达，不能确定与任何个别原住民族或部落之个性特征有相当程度之关联性时，应认定归属于全部原住民族。

第五章 登记及公告

第二十五条 不符本条例或本办法所规定之程序而无法补正或回复原状，或经主管机关认定不符智慧创作之认定基准者，应为不予登记之审定。

第二十六条 经审查认定应予登记之智慧创作，应为准予登记之审定，并应公告之。

经公告之智慧创作，任何人均得申请阅览、抄录、摄影或影印其审定书、说明书、图式及全部档案资料。但主管机关依法令或职权认定应予保密者，包括不宜公开之图式及全部档案资料内容，不在此限。

第二十七条 主管机关对审定登记之智慧创作，应办理公告。前项公告，应载明下列事项：

一、申请案号及申请日。

二、智慧创作之名称及相关说明。

三、准予登记理由及其法令依据。

四、智慧创作专用权人名称。

五、智慧创作之内容及不宜公开之理由。

六、智慧创作证书号数。

七、公告日。

第一项公告应刊登于政府公报及信息网路。

第二十八条　智慧创作专用权人名称依法变更时，主管机关应依职权主动协助归属其权利之原住民族或部落，备具证明之相关文件，向主管机关申请专用权人变更之登记。

第二十九条　智慧创作登记公告后，应由主管机关填具智慧创作登记簿册，载明下列事项：

一、智慧创作之名称、种类。

二、智慧创作专用权人名称。

三、准予登记理由及其法令依据。

四、智慧创作说明。

五、智慧创作证书号数及核发日。补发证书时，其事由及补发日。

六、智慧创作财产权为专属授权时，被授权人姓名或名称、国籍、住居所或营业所。

七、智慧创作财产权专属授权契约之要点，包括地域、时间及范围等。

八、授权登记之日期。

九、其他相关事项。

前项登记簿册之建置，于必要时得另以资料库方式为之。

第六章　证书及标记

第三十条　经准予登记之智慧创作，应由主管机关核发智慧创作专用权证书。

第三十一条　智慧创作专用权证书，应载明下列事项：

一、申请案号。

二、智慧创作之名称、种类。

三、智慧创作专用权人名称。

四、智慧创作内容摘要。

五、智慧创作专用权证书号数。

六、核发日期。

除前项应载明事项外，证书上并应记载「智慧创作之特征、范围及使用规则，应以智慧创作登记簿册上智慧创作之说明为准」字样。

第三十二条　登记事项变更，致证书内容应予修改者，主管机关应核发新证书。

第三十三条　智慧创作专用权证书灭失、遗失或毁损致不堪使用者，智慧创作专用权人应以书面叙明理由，申请补发或换发。

第三十四条　智慧创作经准予登记时，主管机关应依职权授予智慧创作专用权认证标记。

第七章　注销、撤销或废止

第三十五条　有下列情事之一时，主管机关得注销智慧创作专用权证书：

一、经行政或司法争讼程序，智慧创作专用权经撤销确定。

二、智慧创作专用权依法认定应归属于其他智慧创作专用权人，或应与其他智慧创作专用权人共有。

三、证书申请人经证实非属于真正智慧创作专用权人。

四、证书之其他内容与事实不符而不能依法补正。

前项注销，应公告之。

第三十六条　经主管机关核发认证标记者，有下列情形之一时，主管机关得撤销或废止其认证标记：

一、有前条专用权证书经注销之情事。

二、其他不应授予而授予认证标记之情事。

第八章　附则

第三十七条　本办法有关书表格式及作业手册，由主管机关定之。

第三十八条　本办法自 2015 年 3 月 1 日起施行。

后　记

全书由杨春娥同志设定框架和编写提纲，经讨论后，分别由杨春娥（绪论、第一章、第三章、第四章、第五章、第八章）、郑磊（第二章、结语、附录）、朱祥贵（第六章）、徐丽平（第七章）同志撰写。初稿完成后，杨春娥同志对全部书稿进行了修改并统稿和定稿。

本书的出版需要感谢三峡大学马克思主义学院的资金资助，感谢中国社会科学出版社的出版帮助。

编　者
2021年12月18日于三峡大学求索溪